Dirk Schmi^{mit}dt
MOTIVATION VOM PROFI

Dirk Schmidt ist Keynote-Speaker und Buchautor. Er gehört zu den gefragtesten Motivations-Experten im deutschsprachigen Raum. Einem großen Publikum ist er aus TV-Sendungen u. a. bei RTL, SAT1, WDR, N24, und Kabel1 bekannt.

Dirk Schmidt verknüpft in seinem aktuellen Buch seine Erfahrungen als Sportmentaltrainer mit denen er Fußballprofis, Weltmeister und Top-Manager zu Höchstleistungen anspornt und gibt dem Leser dadurch wertvolle Erkenntnisse für den persönlichen Erfolg in Alltag und Beruf mit auf den Weg.

JOKA - Erfolg hat nur das Team!

Der Erfolgreiche hat
und erreicht seine Ziele.
Der Nicht-Erfolgreiche
hat seine Gründe.

Dirk Schmidt *mit*
MOTIVATION VOM PROFI

Wenn Sie wüssten, was Sie können

Was wir vom Fußball lernen können

Vorwort

„Jeder sollte an irgendetwas glauben, und wenn es Fortuna Düsseldorf ist."

(Campino)

Liebe Leserinnen, liebe Leser,

was ist der Sinn des Lebens? Vom 12. Juni bis zum 13. Juli 2014 gibt es für Fußballfans darauf nur eine Antwort: Fußball-WM.

Kaum ein globales Ereignis schafft in positivem Sinne so viel gemeinsame Spannung, soviel kollektive Leidenschaft wie die Weltmeisterschaft. Nicht umsonst sprechen wir vom Fußballfieber und ich gebe zu: Während ich dieses Vorwort schreibe, ist meine Temperatur schon mindestens leicht erhöht.

Natürlich freue ich mich auf packende, begeisternde Spiele und wünsche mir, dass Deutschland Weltmeister wird. Ist doch klar. Wenn es mit dem Titelgewinn klappen sollte, werde ich nach dem Finale wildfremden, erwachsenen Menschen um den Hals fallen, die sich ebenfalls freuen wie ein kleines Kind. Wenn das deutsche Team den Titel verpassen sollte, werde ich spontan traurig sein. Das weiß ich jetzt schon. Doch weder meine Welt noch die Welt der meisten anderen Menschen wird deshalb zusammenbrechen. Dann besinne ich mich auf andere wichtige Angelegenheiten.

So oder so - zwei Dinge werde ich in die Zeit nach der WM mitnehmen: Dieses enorme, fast unbeschreibliche Wir-Gefühl und das Phänomen, dass sich Menschen intensiv für eine Sache begeistern, mit der sie den Rest ihres Lebens kaum etwas zu tun haben. Wie z.B. meine Nachbarin. Ihr ist Fußball im Grunde genommen völlig egal. Sie interessiert sich nicht dafür und weiß auch nichts darüber. Würde ihr jemand sagen, Fortuna Düsseldorf sei Deutscher Meister, dann würde sie das genauso berühren wie die Wahrheit. Während der Fußball-WM verändert sich ihre Wahrnehmung hingegen erheblich. Dann schminkt sich meine Nachbarin schwarz-rot-gold, geht mit ihren Bekannten zum Public Viewing und fiebert mit als ob sie nie etwas anderes getan hätte. Millionen anderer Menschen auf der Welt praktizieren es ähnlich.

Wie entsteht diese spontane Leidenschaft? Warum ist Begeisterung so wichtig für unser persönliches Glück? Was ist mentale Stärke und wie kommt sie vom Kopf auf den Platz? Wie bringen wir dem viel zitierten „Angstgegner" bei, sich besser vor uns zu fürchten als wir vor ihm? Wieso hat Oliver Kahn eigentlich immer das Handtuch von Bastian Schweinsteiger stibitzt? Und was können wir daraus für unseren privaten und beruflichen Alltag lernen?

Dies sind nur einige von vielen Fragestellungen, die ich in diesem Buch untersuchen werde. Denn interessanterweise gibt es im Fußball zahlreiche Wirkungsprinzipien und Analogien zu unserem alltäglichen Leben. Deshalb habe ich König Fußball gewählt, um Ihnen zu beschreiben, wie Sie ihren eigenen Ball rollen lassen können. Auf dem Weg zu Ihren Zielen.

Als Mentaltrainer arbeite ich seit vielen Jahren unter anderem mit Fußballern und betreue Fußballmannschaften. Ich begleite sie mit Sachverstand und erprobten Strategien zu ihren Erfolgen und mit belastbaren Methoden durch Krisen, um das Beste aus sich herauszuholen. Das Potential für Glück und Erfolg ist immer da, wenn der Wille vorhanden ist. Die berühmten kleinen Schalterchen im Kopf umzulegen, darum geht es. So entsteht mentale Stärke.

Interessanterweise ist Freiheit und Stärke im Kopf gar kein großes Geheimnis. Schon gar kein Märchen. Was schon länger vermutet wurde, hat die moderne Medizin unbestreitbar nachgewiesen: Bei länger anhaltenden Gefühlszuständen kommt es zu einer Neuordnung der Nervenzellenverbindungen im Gehirn. Das Gehirn baut sich also um. Es sendet andere Hormone und Neurotransmitter aus.

Wenn wir beginnen, anders zu denken, zu fühlen und zu neuen Überzeugungen kommen, entsteht durch unser Denken eine andere, positive, nach vorne gerichtete Wahrnehmung. Eine neue Taktik in unserem Kopf, mit einer neuen Aufstellung in unserem Körper, die fähig ist, diese

Taktik nachhaltig umzusetzen. Denn unser Leben kann sich jederzeit positiv verändern.

Wenn Sie erst einmal wissen, was Sie können, dann können Sie auch das, was Sie wirklich wollen. Dabei hilft Ihnen dieses Buch.

Neben anerkannten Wahrheiten enthält dieses Buch auch provokante Denkanstöße. Möglicherweise werden daraus kontroverse Diskussionen entstehen. Ich freue mich darauf. Denn meine Erfahrungen und Überzeugungen beruhen auf langjähriger praktischer Arbeit mit Menschen vielfältigster Couleur. Zudem leben wir in einer globalen Welt, die sich laufend verändert. Sich darauf einzustellen, darauf kommt es an. Denken Sie an den Fußball. Wer heute noch so spielen würde wie vor 20 Jahren, hätte im aktuellen Wettbewerb keine Chance mehr.

Bewusst habe ich die Anzahl von 34 Kapiteln gewählt: Die Anzahl der Spieltage einer Bundesligasaison. Im ersten Teil – in der Vorrunde – konzentriere ich mich auf individuelle Erfolgsfaktoren und Merkmale. In weiteren 17 kompakten Kapiteln – in der Rückrunde – geht es um die Synchronisation Ihrer Ziele mit Ihrer Umwelt. Denn natürlich sind Sie ein Individuum. Auf der anderen Seite ist Glück und Erfolg in den meisten Fällen ebenfalls Mannschaftssport. So wie beim Fußball.

Übrigens ist tatsächlich noch kein Meister vom Himmel gefallen, wie es so schön heißt. Meister kommen jeden Tag aus der Kabine zum Training und üben das Meisterwerden. Auch wenn es einmal nicht so läuft, wie sie sich das wünschen. Dann heißt es: Mund abwischen, weitermachen!

Wenn Sie wüssten, was Sie können - lassen Sie es uns gemeinsam herausfinden. Damit Sie ein Meister Ihres Alltags werden – und bleiben.

In diesem Sinne wünsche ich Ihnen eine meisterliche Zeit mit diesem Buch.

Es grüßt Sie ganz herzlich

Teil 2: Kommunikation, Wettbewerb, Verantwortung....S.93

Teil 1:

Individualität, Motivation, Ziele

Kapitel 1

Der tägliche Anpfiff
Wie der Fußball unseren Alltag beeinflusst, auch wenn wir es gar nicht merken

„Fußball, das sind 22 Leute, die einem Ball hinterherrennen, ein Schiedsrichter, der dumme Fehler macht, und am Ende gewinnt Deutschland."

(Gary Lineker, englischer Ex-Nationalspieler)

Wie hat Ihr Verein gespielt? Gewonnen? Gratulation! Verloren? Kommt vor. Eine Saison dauert 34 Spieltage. Abgerechnet wird zum Schluss. Da kann noch viel passieren. Da ist noch alles drin.

Bestimmt haben Sie die letzten drei Sätze schon mal gehört. Entweder im Radio oder in der Sportschau, von Trainern, Spielern oder Funktionären. Oder von Ihren Kollegen, wenn Sie zur Arbeit kommen und der vergangene Bundesligaspieltag analysiert wird. Zwei Themen gehen immer als zwischenmenschlicher Eisbrecher, bevor es losgeht mit dem Eigentlichen: Wetter und Fußball.

Wie das Wetter ist der Fußball viel mehr als eine bloße Erscheinung über die man gerne ein paar Floskeln austauscht. Er hat Auswirkungen auf unsere emotionalen Befindlichkeiten und damit auch auf unsere Zukunft. Genau genommen stellen wir in jedem Moment die Weichen dafür, wie es mit uns weiter geht.

Nicht umsonst gilt Fußball als die schönste Nebensache der Welt. Viele Fußballfans sind einfach besser drauf, wenn ihr Verein gewinnt. Sie sind fröhlicher, gelassener und entschlossener. Dementsprechend sind sie dem eigenen Erfolg näher als wenn Ihr Verein verloren hätte. Optimismus und Leidenschaft steckt an. Gereiztheit und Destruktivität schrecken ab. Nicht umsonst spricht man vom Mitfiebern. Hitze wirkt anziehender als Kälte.

Wie der Fußball unseren Alltag beeinflusst, merken Sie intensiv, wenn sogenannte große Spiele anstehen. Oder ein internationales Turnier. Wie jetzt die WM. Da fiebert plötzlich ein ganzes Land mit. Die Menschen beschäftigen sich mit fußballerischen Themen, die bisher nicht die geringste Rolle in ihrem Leben spielten. Und anschließend nie wieder spielen werden. Das sind sozusagen thematische One-Night-Stands, wenn z.B. ein Mann und eine Frau, die sich bisher nicht kannten, über das Thema Abseits miteinander ins Gespräch kommen und sich mögen lernen. Mitunter entstehen daraus sogar ernsthafte Beziehungen.

Manche Erscheinungsformen finden erst über den Fußball einen festen Platz im gesellschaftlichen Leben. Sicher erinnern Sie sich noch an die Fußball-WM 2006 in Deutschland. Bis dahin war das Public Viewing eher eine Randsportart in Sachen Medienkonsum. Seit der WM 2006 ist es in vielen Bereichen gängige Praxis geworden, sich mit anderen Menschen in der Öffentlichkeit zu Live-Übertragungen zu treffen.

Eine erstaunliche Entwicklung gibt es z.B. seit 2006 in Köln am Brüsseler Platz. Bis zur Fußball-WM trafen sich dort höchstens vereinzelte Innenstädter auf einen Plausch. So wie man es von südlichen Ländern kennt, wo die Plätze in den Städten abends belebt sind. Als zur WM dort Public Viewing veranstaltet wurde, erkannten immer mehr Menschen, wie nett dieser Platz doch ist. In den Folgejahren wurde der Brüsseler Platz im Sommer immer mehr zum Treffpunkt für die Kölner. Jahr für Jahr schreiben sie dort seit 2006 ihr eigenes Sommermärchen bei Kölsch und Cola. Der Fußball hat es möglich gemacht.

König Fußball bringt Menschen nicht nur zusammen. Er kann sogar mit Vorurteilen aufräumen. Als im Frühjahr 2013 Bayern München und Borussia Dortmund in das Champions-League-Finale einzogen, gab es in Großbritannien eine erstaunliche Reaktion. Denn gleich zwei deutsche Mannschaften trafen sich in Wembley zum Spiel um die europäische Fußballkrone. Und das im Heiligtum des englischen Fußballs!

Weit verbreitet wurde hierzulande angenommen, da könnte es in England zum kollektiven Unmut kommen. Doch es war nur ein Ausdruck der German Angst, wie die Briten gerne sagen. Im Gegenteil reagierten die Briten sehr anerkennend, als München und Dortmund als Finalisten feststanden. Und mehr noch: Die britischen Medien verknüpften den Erfolg unserer beiden derzeit besten Teams mit der deutschen Wirtschaftskraft und anderen sogenannten deutschen Tugenden wie Disziplin, Einsatz und Durchhaltevermögen in positivem Kontext. Das kannte man bisher von den englischen Boulevardzeitungen meistens anders.

Daneben lobten die Briten die deutsche Nachwuchsförderung. Denn was in Wembley mit Schweinsteiger, Müller, Reus, Neuer, Hummels und Konsorten auf dem Platz stand, davon können die Engländer aktuell nur träumen. Der große Erfolg britischer Mannschaften in den letzten Jahren war maßgeblich durch ausländische Stars geprägt. Inzwischen gilt der deutsche Fußball auf der britischen Insel als Synonym für ein entscheidendes Merkmal des langfristigen Erfolgs: Es heißt nicht nur, intensiv in Richtung eines definierten Ziels zu arbeiten. Es bedeutet vor allem, die eigenen Stärken aus sich selbst heraus zu entwickeln und zu optimieren.

Oder anders gesagt: Machen Sie das Beste aus dem, was Ihnen eigen ist. Dann erreichen Sie am sichersten das, was Ihnen noch nicht eigen ist. Vielleicht nicht immer so schnell wie Sie sich das wünschen mögen. Jedoch umso nachhaltiger und damit umso erfüllender im Sinne Ihres Glücksgefühls.

An solchen Entwicklungen sehen wir, was für einen nachhaltigen Einfluss der Fußball auf unseren Alltag hat. Auch wenn es auf den ersten Blick vielleicht gar nicht auffällt.

Kapitel 2

Das Rotationsprinzip:
Sinnierst Du noch oder rotierst Du schon?
Wie Sie Ihre Stärken und Ziele wirkungsvoll aufstellen

„Wir überlegten, jemanden vom Arbeitsamt zu holen, der den Spielern Alternativberufe zeigt."

(Christoph Daum)

Das Rotationsprinzip existiert schon lange. Es bezeichnet den regelmäßigen Wechsel eines Veranstaltungsortes wie bei der Fußball-WM schon seit 1930. Im modernen Fußball kennen wir die Rotation als taktisches Manöver im Sturm, wenn die Angreifer ihre Positionen wechseln. Damit sollen Freiräume geschaffen und der Gegner unter Druck gesetzt werden. Mit dem Ziel einer stärkeren Durchschlagskraft.

Bei unserem Gehirn handelt es sich um ein riesiges Netzwerk aus Informationen, Assoziationen und Interpretationen. In einem schier endlos verzweigten System interagieren unsere Gedanken und Wahrnehmungen, Hoffnungen und Ängste ständig miteinander und beeinflussen unsere Stimmung. Je nach Tagesform assoziieren wir dieselbe Information mit unterschiedlichen Dingen.

Nehmen wir einmal ein weniger schönes Beispiel aus dem Alltag: Wir haben einen wichtigen Termin mit einem Kunden. Während wir uns schon auf dem Weg zu ihm befinden, sagt er telefonisch ab. An einem Tag, an dem wir schon anderweitigen Ärger zu verarbeiten haben oder wir mit dem sprichwörtlichen linken Bein aufgestanden sind, ärgern wir uns natürlich umso mehr. Dann kann es sein, dass wir in eine negative Wahrnehmungsrotation geraten. Möglicherweise hat sich sogar die Welt gegen uns verschworen. Dem ist natürlich nicht so. Die Menschen sind mit viel zu vielen anderen Dingen beschäftigt als sich ausgerechnet gegen uns zu verschwören. Warum auch? Wir machen nur unsere Arbeit.

Mit einer positiven Grundstimmung reagieren wir auf schlechte Nachrichten gelassener. Dann denken wir positiv, können einer Absage vielleicht sogar etwas Gutes abgewinnen. Wir zeigen mehr Verständnis, weil der Kunde gerade viel um die Ohren hat. Dann ist es sogar besser, das Gespräch findet zu einem Zeitpunkt statt, an dem er den Kopf frei hat. Dann ist er nicht nur aufmerksamer Ihren Interessen gegenüber. Dann sind Sie wahrscheinlich auch besser und überzeugender im Gespräch mit ihm als wenn Sie sowieso schon mit dem linken Bein unterwegs sind. Im Grunde ist es „nur" eine Frage der Perspektive und unserer Wahrnehmung.

Am besten reagieren Sie beim Anruf des Kunden verständnisvoll. In diesem Fall können Sie sich denken, wie diese Kundenbeziehung weiter gehen wird: Das nächste Mal wird er den Termin einhalten. Und woran liegt´s? Wir sind empathisch und locker genug, weil wir spüren, dass unsere Gedanken mit uns rotieren statt gegen uns. Das kommt auch bei anderen Menschen entsprechend positiv an.

Fußball funktioniert ähnlich wie das menschliche Denken. So ist es kein Wunder, dass man nach verloren gegangenen Bundesligaspielen die Trainer oft sagen hört: „Wir waren mental nicht auf der Höhe."

Ottmar Hitzfeld war definitiv mental auf der Höhe als er seinerzeit beim FC Bayern München das Rotationsprinzip einführte. Zunächst staunten viele Fachleute nicht schlecht. Denn bis dahin galt das Motto „Never change a winning team" wie in Stein gemeißelt. Angesichts vieler englischer Wochen auf der einen und vieler guter Spieler auf der anderen Seite entschloss sich Ottmar Hitzfeld aus einer gewissen Luxusnot heraus zu diesem radikalen Schritt und setzte einige seiner Stars nach einem Einsatz für das nächste Spiel auf die Bank. Vielen Spielern schmeckte das natürlich nicht. Sie beschwerten sich. Ottmar Hitzfeld hat das jedoch nicht gemacht, damit seine Spieler ihn zum Rotieren bringen. Denn wie gesagt: Hitzfeld war der Trainer. Er ließ rotieren und er gab das Ziel vor. Und das hieß: Gewinn der Champions-League.

1999, gleich in seiner ersten Saison in München, war es dann soweit. Jedenfalls beinahe. Bis zur 119. Minute im denkwürdigen Champions-League-Finale in Barcelona führte Bayern 1:0 gegen Manchester United. Uli Hoeneß und Karl-Heinz Rummenigge öffneten auf der Tribüne in Gedanken schon die Champagnerflaschen. Dann nahm die Tragik in aller Härte ihren Lauf. Zunächst fiel kurz vor Schluss der Verlängerung das 1:1. Damit nicht genug. Als die Spieler um Mehmet Scholl, Mario Basler und Giovanni Elber noch größte Mühe hatten, ihre Fassung für das folgende Elfmeterschießen wieder zu finden – so nahm man an – passierte der Super-GAU. Manchester, Ecke, Tor, 2:1, Schlusspfiff. König des europäischen Fußballs war Manchester United. Bayern München war am Ende. An diesem Tag trank der Fußballgott Guinness statt Weißbier.

Von Hitzfelds Rotationsprinzip wollte danach keiner mehr etwas wissen. Und was machte Hitzfeld? Er ließ weiter rotieren. Denn er war zutiefst überzeugt davon und es konnte ihm auch niemand ausreden. Warum auch? Schon bis dahin war er ein erfolgreicher Trainer und in der folgenden Saison wurden die Münchner einmal mehr Deutscher Meister. Mit Hitzfelds Rotationsprinzip.

Seine endgültige Bestätigung fand Hitzfeld in der Saison 2000/2001. Im denkwürdigen Bundesligafinale degradierte der FC Bayern München in letzter Spielminute den schon sicher geglaubten Deutschen Meister Schalke 04 zum Meister der Herzen. Zwei Wochen später gewannen die Münchner zudem die Champions League im Elfmeterschießen gegen den FC Valencia. Oliver Kahn hielt drei Elfer, wurde zum Held der Helden und ganz Bayern rotierte vor Glück. In diesem Jahr trank der Fußballgott Weißbier.

Inwieweit hat nun das Rotationsprinzip mit dem damaligen Triumph der Münchner zu tun? Natürlich waren sie direkt nach der dramatischen Niederlage gegen Manchester zutiefst enttäuscht, kraftlos, vielleicht sogar wütend auf sich selbst. Denn sie haben sich – auf gut deutsch – diese Wurst noch in den letzten Sekunden vom Teller nehmen lassen. In den Tagen danach waren sie niedergeschlagen und kaum ansprechbar. Das ist völlig normal. Niederlagen müssen verarbeitet werden. Und wie ist es heute? Es gibt eine interessante überlieferte Aussage von Mehmet Scholl, ein paar Jahre nach dem verloren gegangenen Finale, auf die Frage, wovor er heute noch Angst habe: „Vor Krieg und Oliver Kahn."

Wer einmal etwas sicher Geglaubtes verloren hat, sich anschließend nicht in Selbstmitleid ertränkte, sondern an sich arbeitete, dem wird so etwas nicht wieder passieren. Er wird einerseits demütiger und realistischer, weil er weiß, wie schnell sich die Dinge ändern können. Andererseits wird er selbstbewusster und entwickelt mentale Stärke für das nächste Mal, wenn er in eine entscheidende Situation gerät. Sein Wissen um die eigenen Fähigkeiten bleibt stabiler. Er lässt sich - sozusagen - nicht mehr so schnell von einem Misserfolg auskontern.

In diesem Sinne möchte ich Ihnen jetzt beschreiben, wie Sie das Rotationsprinzip für Ihr Denken nutzen und verinnerlichen können:

Stellen Sie sich vor, Sie sind Fußballtrainer. Ihre Gedanken sind Ihre Spieler. Im Tor spielt Ihre Hoffnung. In der Abwehr rechts und links sind Ihre Erfahrungen. Im Zentrum spielen Ihre Gewohnheiten, ebenso auf der Sechs, der Schaltzentrale im Mittelfeld. Das Spiel nach vorne macht Ihr Wille, rechts und links unterstützt durch Ihre Talente und Stärken. Dann brauchen Sie noch jemanden, der die Tore schießt: Ihre Ziele. Im Spiel gegen: Ihre Angst.

Nun sind Sie dran. Visualisieren Sie Ihre Mannschaft. Halten Sie sich zunächst die einzelnen Positionen vor Augen. Ihre schwächeren genauso wie die stärkeren. Am besten machen Sie eine Zeichnung. Wie Sie es von Fußballübertragungen im Fernsehen kennen, wenn die Mannschaftsaufstellungen präsentiert werden. Auch erfolgreiche Trainer wie Pep Guardiola, Jürgen Klopp und José Mourinho visualisieren ihre Aufstellungen auf Papier oder am Computer.

Dann lassen Sie Ihre Mannschaft erst einmal spielen, wie sie will. Damit werden Sie sich Ihres Gedankenteams bewusst.

Dann beobachten sie das Zusammenspiel. Auch wie sich Ihre negativen und positiven Wahrnehmungen im Wege stehen. Lassen Sie rotieren. Ersetzen sie z.B. eine negative Assoziation aus Ihrer Vergangenheit durch eine positive. Die haben Sie. Ganz bestimmt. Vielleicht ist sie - bildhaft gesprochen - im Moment nur verletzt. Oder auch schon beim Warmlaufen.

Halten Sie sich die Situation vor Augen. Sie stehen an Ihrem mentalen Spielfeldrand. Denn SIE sind der Trainer. Sie haben das Heft in der Hand. Es ist Ihre Mannschaft. Es ist Ihr Kopf. Es ist Ihr Leben. Sie müssen nur wissen, wo Sie mit ihm hinwollen.

Seien Sie dabei geduldig mit sich. Nichts geht von jetzt auf gleich. Sie sind erst am Anfang Ihrer Saison. Vieles muss sich einspielen. Erwarten Sie nicht zu viel auf einmal. Mit der Zeit werden Sie merken, wie sich die Dinge in Ihrem Leben positiv verändern. Dann grübeln Sie nicht mehr.

Wenn Sie wüssten, was Sie können, dann würden Sie rotieren. Positiv, dynamisch und zielführend:

1.   Es sorgt für Abwechslung in Ihrem Kopf.

2.   Es gibt Ihren tatsächlichen Stärken eine Chance.

3.   Es nimmt negativen Erfahrungen die Macht über Sie.

4.   Es schafft Flexibilität in Ihrem Denken und Handeln.

5.   Es schafft Raum für Ihre wirklichen Ziele.

Kapitel 3

Der Ball ist rund wie unser Kopf
Wie unsere Gedanken die Richtung ändern können (über die vier Stufen der persönlichen Entwicklung)

„Wenn Franz Beckenbauer sagt, wir spielen künftig mit viereckigen Bällen, dann wird mit viereckigen Bällen gespielt."
(Rudi Assauer)

Auch wenn Franz Beckenbauer als Lichtgestalt gilt, macht nicht alles hell, was scheint. Natürlich hat Franz Beckenbauer nie vorgeschlagen, mit viereckigen Bällen zu spielen. Rudi Assauer war auch seinerzeit klug genug, diesen Spruch mit Humor zu versehen.

Die Vorstellung, ein viereckiger Ball holpert über den Platz, während 22 Fußballspieler probieren, ihn ins gegnerische Tor zu befördern, ist ja durchaus amüsant. Vielleicht sehen wir ein solches Spektakel einmal in einer TV-Show mit Stefan Raab. Denn da gehört es hin. Nicht in die Fußballbundesliga.

Nicht nur für den Fußallsport macht es Sinn, dass der Ball rund ist. Einen viereckigen Kopf brauchen wir auch nicht. Im Gegenteil. Wir würden noch mehr anecken, als wir es mit rundem Kopf schon tun.

In anatomischer Hinsicht hat die Evolution das mit unserem runden Kopf gut hinbekommen. Nicht nur äußerlich. Unser Gehirn ist aus gutem Grund kein viereckiger Kasten wie ein PC. Was innerhalb unseres Kopfes passiert, ist in der Summe eigentlich unvorstellbar. In jeder Sekunde interagieren Milliarden von Zellen, verarbeiten Informationen und Emotionen. Botenstoffe transportieren sie zu anderen Stellen unseres Körpers. Ansonsten könnte Franz Beckenbauer so einen Vorschlag gar nicht machen. Während die Idee zu einer Äußerung in unserem Gehirn entsteht, sorgt das Zusammenspiel zwischen Neurotransmittern, Nerven und Muskeln schon dafür, dass sie Sekundenbruchteile später über unsere Lippen kommt.

Neben seiner immensen Komplexität und Leistungsfähigkeit zeichnet eine weitere Eigenschaft das menschliche Gehirn aus, die für unser Leben mitentscheidend ist: Unser Gehirn ist flexibel, dynamisch und anpassungsfähig. Das bedeutet, unser Denken kann sich nachhaltig verändern – und damit auch unser Leben. Unser Gehirn schafft dafür die Voraussetzungen. In welche Richtung, das entscheiden Sie selbst, indem Sie es mit entsprechenden Informationen und Perspektiven füttern.

Wenn wir uns darüber bewusst werden, welche Fähigkeiten wir haben, bekommen wir einen besseren Überblick, was es bis zu unserem Ziel bedarf. Denn machen wir uns nichts vor. Unsere Fähigkeiten nützen uns nur etwas, wenn wir sie auch anwenden. Das reine Wissen darüber macht uns vielleicht ein bisschen klüger, aber nicht glücklicher. Glücklich macht uns die Kombination aus Wissen, Wollen und Handeln.

Denken Sie z.B. an das Champions-League-Finale in Wembley. An Arjen Robben. Der Niederländer ist ein erstklassiger Fußballer. Das wissen wir alle. Robben hat jedoch bis zum 25. Mai 2013 alle großen Endspiele, bei denen er gespielt hat, verloren. Dementsprechend nervös war er auf dem Platz. Er vergab mehrere gute Chancen. Viele Beobachter befürchteten schon, dass er wieder nicht kaltschnäuzig genug sein würde, wenn es darauf ankäme. Keiner konnte eine bessere Antwort auf diese Befürchtungen liefern als Arjen Robben selbst. Deshalb hat er es dann einfach gemacht. Kurz vor Schluss. In der 89. Minute. Auf den letzten Drücker belohnte Robben sich selbst. Oder besser gesagt: Seine unbewusste Kompetenz belohnte ihn mit der Fähigkeit, in diesem Moment genau das Richtige zu tun. An diesem Abend ist dem Holländer nicht nur ein Stein vom Herzen gefallen, sondern die Zugspitze. Und dem ganzen FC Bayern gleich mit.

In der Psychologie spricht man von den vier Stufen der persönlichen Entwicklung. Sie reicht von der unbewussten Inkompetenz bis zur unbewussten Kompetenz. Um uns in eine bestimmte Richtung zu bewegen, zu unseren Zielen, ist es gut zu wissen, wo wir aktuell sind.

Die vier Stufen der menschlichen Entwicklung sind bei jedem Menschen unterschiedlich ausgeprägt und ineinander verschachtelt. Wenn sie z.B. zum ersten Mal in Ihrem Leben als Schiedsrichter ein Fußballspiel leiten, als Referent einen Vortrag vor vielen Leuten halten, als Bergsteiger Ihren ersten Berg besteigen, als Künstlerin Ihren ersten Auftritt haben oder Ihren ersten Marathon absolvieren, dann wissen Sie anschließend: Diese Aktion wird Ihr Leben verändern. Und nicht nur das: Sie hat bereits Ihr Leben verändert. Denn Sie verändern Ihr Leben schon zu dem Zeitpunkt, an dem Sie ein Ziel nachhaltig fokussieren. Weil Sie Ihr Ziel ab diesem Moment immer wieder visualisieren, verändert sich Ihr Denken. Die eigentliche Ausführung erfüllt Ihr Leben umso mehr mit Selbstbewusstsein und weiteren Plänen.

Die vier Stufen der persönlichen Entwicklung im Einzelnen:

1. Stufe: Unbewusste Inkompetenz: In dieser Phase unserer Entwicklung wissen wir nicht, was wir nicht wissen. Wir wissen auch nicht, was wir nicht können. Stellen Sie sich einen kleinen Jungen vor. Vielleicht sind Sie selbst dieser Junge. Vieles macht dieser Junge zum allerersten Mal im Leben. Oft weiß er nicht, was es damit auf sich hat. Wer die Gefahren nicht kennt, kann auch nicht darüber nachdenken und urteilen. Der kleine Junge macht es einfach. So lernt er spielerisch. Mit der typischen kindlichen Unbekümmertheit. Ich kenne es z.B. aus meiner Kindheit, dass wir mit einem Plastikball Fußball spielten. Für meine Freunde und für mich, alle zwischen vier und sechs Jahren alt, war dieser knautschige Plastikball ganz normal. Es störte uns nicht, dass er zickzack flog, wenn ein bisschen Wind aufkam. Wir dachten, das muss so sein. Wir waren unbewusst inkompetent. Doch das störte uns nicht. Wir kannten es ja nicht anders. Bis wir eines Tages einen Lederball bekamen. Und siehe da: Dieser Ball flog geradeaus. Auch bei leichtem Wind. Da erfuhren wir erst richtig, was es heißt, Fußball zu spielen. Mit einem echten Lederball ist es gleich viel erwachsener als mit einem Plastikball. Ein Plastikball kam uns nicht mehr vor die Füße. Wir waren jetzt richtige Kicker. Jedenfalls kamen wir uns so vor.

2. Stufe: Bewusste Inkompetenz: Wenn wir wissen, was wir noch nicht wissen, wissen wir schon einiges. Das Gefühl eines professionellen Lederballs am Fuß ist für Kinder z.B. wie eine Offenbarung des Fußballgotts. Bewusste Inkompetenz zeigt uns nicht nur, was wir bisher an Möglichkeiten verschenkt haben. Es bedeutet den ersten Schritt zur positiven Veränderung. Scheuen Sie sich dabei nicht, Fehler zu machen. Sie sind geradezu notwendig für unsere persönliche Entwicklung. Der Ball fliegt ja nicht öfter ins Tor, weil er aus Leder ist, sondern weil Sie schießen üben. Wie Sie Fehler machen können und dennoch Freude dabei haben, darauf werde ich später noch ausführlich eingehen.

3. Stufe: Bewusste Kompetenz: In dieser Phase entwickeln Sie ihre konkreten Fähigkeiten und Kompetenzen, die Sie zum Erreichen Ihres Ziels benötigen. Denn einige wesentliche Erfahrungen haben Sie gemacht. Denken Sie an den kleinen Jungen. Er hat nicht nur erlebt, dass ein Lederball besser fliegt als ein Plastikball. Er hat auch erfahren: Je öfter er damit spielt, desto besser wird seine Technik. In der Phase der bewussten Kompetenz ist der kleine Junge vielleicht schon aktiver Fußballer und bekannt dafür, starke Freistöße zu schießen. Das Wenn-Sie-wüssten-was-Sie-können wird zum Weil-Sie-wissen-was-Sie-können. Nun können Sie auch erkennen, ob das, was Sie tun, wirklich etwas für Sie ist. Ob Sie damit glücklich werden können, wenn Sie weitermachen, ohne sich etwas vorzumachen. Wenn ja, ist es sehr gut, dann machen Sie sich auf zur vierten Stufe.

4. Stufe: Unbewusste Kompetenz: Indem Sie tun, was Sie können, werden Sie immer besser darin. Ihre Fähigkeiten haben Sie sich einverleibt. Ihre täglichen Handlungen machen Sie automatisch. Sie wissen jedoch, dass es keinen Grund gibt zu denken, Sie seien schon meisterlich. Im Gegenteil. Sie lernen jeden Tag gerne dazu, sind offen dafür, noch besser zu werden und viel dafür zu tun. Vor allem lassen Sie sich durch Rückschlage nicht von Ihrem Weg abbringen. Das sind die Merkmale unbewusster Kompetenz. Sie machen einen Könner zum Meister, einen Wissenden zum Experten und einen Profi zum Champion. Nach diesem Prinzip funktioniert die unbewusste Kompetenz in allen Lebensbereichen. Interessanterweise bewegen sich gar nicht so viele Menschen auf der vierten Stufe wie man glauben könnte. Erfreulicherweise hat das nichts damit zu tun, dass es nicht zu schaffen ist. Es bedarf nur eine Menge an Engagement und die Bereitschaft, Dinge hinter sich zu lassen, von denen wir glauben, sie seien wichtig für uns. Offenheit für Veränderung, Motivation zur Weiterentwicklung, die Bereitschaft zum Loslassen alter Routinen – wenn Sie es schaffen, diese Merkmale in Ihr tägliches Handeln zu integrieren, sind Sie auf einem guten Weg zum Champion Ihres eigenen Lebens. Nicht nur, weil Sie wissen, was Sie können. Vor allem, weil Sie immer besser darin werden, es umzusetzen. Wenn Sie wüssten, wie schön das ist, dann hätten Sie schon längst damit angefangen.

Kapitel 4

Reden Sie nicht darüber - tun Sie es
Vom richtigen Timing, um Pläne zu schmieden und sie umzusetzen

„Wir wollen ja auch Meister werden, wir wissen nur noch nicht, in welchem Jahrhundert."
(Thomas von Heesen)

Als Thomas von Heesen diesen Spruch zum Besten gab, war er Trainer von Arminia Bielefeld. Mit seiner langjährigen Erfahrung als Spieler wusste er, wovon er spricht. Deutscher Meister wurde er 1982 mit dem Hamburger SV. Ein Jahr später kam es noch besser. Der HSV gewann mit dem legendären Trainer Ernst Happel die Champions League (damals noch Europapokal der Landesmeister) gegen Juventus Turin und feierte den größten Erfolg in der Vereinsgeschichte.

Thomas von Heesen, der talentierte Dribbler mit Auge, war gerade einmal 22 Jahre alt, spielte anschließend noch elf Jahre für den HSV. In der Nationalmannschaft konnte er sich nicht durchsetzen, aber er war ein Bundesligaspieler auf beständig hohem Niveau. Damit absolvierte er eine Karriere, die sich viele Jugendfußballer wünschen ohne gleich nach allen Sternen greifen zu wollen, die ein Fußballerleben mit sich bringen kann. Und warum machte von Heesen diese Karriere? Weil er wusste, was er wollte und weil er tat, was er am besten konnte: Fußball spielen. So oft es ging.

Heute heißen die großen Talente des deutschen Fußballs Mario Götze, Mesut Özil, Marco Reus, Mats Hummels, Manuel Neuer, um nur einige zu nennen. Wenn es nach Fußballdeutschland geht, werden diese Jungs in Brasilien Weltmeister. Endlich wieder ein Titel. Endlich der vierte Stern auf dem Nationaltrikot. Endlich beweisen, dass sie es können, wenn sie es müssen. Denn dass die deutsche Nationalmannschaft einen grandiosen Fußball spielen kann, hat sie oft genug gezeigt. In Freundschaftsspielen, in Qualifikationsspielen und in Turnierspielen. Nur am berühmten letzten Quäntchen hat es noch gefehlt. Italien und Spanien kochten bisher zwar auch nur mit Wasser. Jedoch abgebrühter.

Mit Nervenstärke, Spielwitz und Teamgeist will die deutsche Nationalmannschaft die schmerzlichen Niederlagen gegen Italien und Spanien vergessen machen und wir werden ihr alle die Daumen drücken. Denn wenn vorne auf der BILD-Zeitung stehen sollte „Wir sind Weltmeister", dann haben wir auch über den Fernseher irgendwie mitgespielt, mitgefiebert, mitgelitten und mitgefeiert. Auf jeden Fall wären wir mächtig stolz auf „unsere Jungs". Wenn sie wüssten, wie wir ihnen die Daumen drücken.

Nehmen Sie die Fußball-WM als Beispiel dafür, wie wichtig das Timing ist. Den Ort des Geschehens kennen wir: Brasilien, Südamerika. Der Zeitpunkt des Finales ist bekannt: 13. Juli 2014. Das Ziel des Vorhabens ist definiert: Weltmeister werden.

Vier Wochen lang muss die Nationalmannschaft dafür auf höchstem Niveau spielen. Dafür muss sie nicht nur körperlich, sondern auch mental absolut fit sein. Das bedeutet, sie muss sich auch zwischenmenschlich gut verstehen. Interne Querelen sind der Anfang vom Ausscheiden aus dem Turnier.

Auf die Gefahren und Chancen, die sich in einem Team aus Individualisten ergeben, komme ich im zweiten Teil des Buches noch eingehend zu sprechen. Sie können sich jedoch vorstellen, dass sich auch Jogi Löw und seine Kollegen darüber viele Gedanken machen und Sie können sich sicher sein: Der DFB hat die in seinen Augen bestmöglichen Vorbereitungen getroffen, damit die WM für das deutsche Team erfolgreich verläuft. Das tun andere Nationen natürlich auch. Insofern können wir sehr gespannt sein, welche Mannschaft ihre Strategie am besten umsetzen und ihre mentale Stärke am wirkungsvollsten auf den Platz bringen kann.

Genau das ist auch Ihr Job in Bezug auf Ihr Ziel. Machen Sie einen Plan. Wenn Sie keinen Plan aufstellen, gleichen Sie einem Blatt im

Wind. Vielleicht haben Sie Glück und der Wind trägt Sie zu Ihrem Ziel. Diese Wahrscheinlichkeit ist sehr gering. Es wäre, als ob Sie morgens aus dem Haus gehen würden und genau in diesem Moment käme unverhofft ein Taxi vorbei. Während Sie verdutzt schauen, steigt der Taxifahrer aus, nimmt Ihre Tasche, legt sie in den Kofferraum, fährt Sie zu Ihrem Arbeitsplatz und bezahlt IHNEN dafür den Betrag, der auf dem Taxameter steht. Damit nicht genug. Kaum aus dem Taxi gestiegen, kommt Ihr Chef auf Sie zu und überreicht Ihnen den Schlüssel zu seinem Büro. Ab sofort sind Sie der Chef. Sie bekommen das doppelte Gehalt. Dafür brauchen Sie nur noch die Hälfte zu arbeiten.

Ein schöner Traum, nicht wahr? Ein Sommermärchen geradezu. Ich will auch gar nicht sagen, dass es unsinnig ist, solche Träume zu haben, wenn wir uns gut damit fühlen. Gut ist, was gut tut.

Ein solcher Traum wird nur kaum in Erfüllung gehen. Das sollten wir bedenken. Denn er hat mit der Realität wenig zu tun. Das unterscheidet den Traum vom Plan. Ein Plan beinhaltet konkrete Handlungsschritte. Es bedeutet, den Traum selbst zu gestalten, indem Sie das Leben an den Hörnern packen.

Wenn Sie wissen, was Sie können, dann verlassen Sie sich nicht darauf, dass ein Wunder passiert. Dann machen Sie es einfach selbst. Dann sorgen Sie dafür, dass Ihr Traum Wirklichkeit wird. Und das ist für Sie völlig selbstverständlich.

Insofern stelle ich Ihnen nun fünf Fragen:

1. Wohin möchten Sie, was wollen Sie erreichen?
2. Was können Sie heute tun, um Ihrem Ziel näher zu kommen?
3. Was können Sie in den nächsten 30 Tagen dafür tun?
4. Wo ist Ihr Notizblock, um diesen Plan zu skizzieren?
5. Wer kann Sie dabei wie unterstützen?

Die Bewusstmachung dieser Fragen konkretisiert Ihren Plan. Wenn Sie damit angefangen haben, diese Fragen mit konkreten Maßnahmen zu beantworten, werden Sie zu Ihrem eigenen Taxi.

Das bedeutet auch: Wann planen Sie Ihren Tag, um Ihrem Ziel näher zu kommen? Natürlich schon morgens beim ersten Kaffee? Während Sie Zeitung lesen oder E-Mails prüfen? Falsch! Beginnen Sie mit Ihrer Tagesplanung am Abend davor. Kurz vor dem Einschlafen. Spielen Sie Ihre Termine und Vorhaben in Gedanken kurz durch. Dann kann Ihr Unterbewusstsein nachts die Weichen für das Gelingen stellen. Morgens kann es sein, dass Sie etwas verwirrt sind. Das ist völlig normal. Ihr Kopf muss sich an Ihr neues Denken gewöhnen. Je weiter sie in den Tag und Ihrem Ziel näher kommen, legt sich das. Dann wird es völlig selbstverständlich für Sie sein, woran Sie heute vielleicht noch zweifeln.

Für den Start zu Ihrem Ziel gibt es einen idealen Zeitpunkt. Auch wenn er vielleicht Veränderungen bedeutet ist dieser ideale Zeitpunkt: JETZT.

Genau in diesem Moment, dort wo Sie sind, können Sie damit anfangen. Stellen Sie sich in Ihrem Geiste Ihr Ziel vor. Malen Sie sich aus, wie Sie erreicht haben, was Sie möchten. Konkretisieren Sie Bilder und Situationen, die Sie damit verbinden und beobachten Sie sich, wie Sie sich dabei fühlen. Aktivieren Sie damit den besten Taxifahrer, den Sie bekommen können: Ihr eigenes Unterbewusstsein.

Ihr Unterbewusstsein wird Sie dabei unterstützen. Dafür ist es da. Es gehört zu Ihnen. Es ist Ihr Freund. Er wird Sie erkennen lassen, was Sie vielleicht noch davon abhält, Ihr Leben zu verändern.

Diese hemmenden Faktoren sind meistens kleine Dinge oder Alltagsroutinen. Wie Ihr üblicher Weg zur Arbeit. Fahren Sie doch einmal einen anderen Weg. Nutzen Sie ein anderes Verkehrsmittel. Dann sehen Sie neue Dinge, die Sie auf neue Gedanken bringen. So kommt eins zum anderen und Sie kommen ihrem Ziel näher. Schritt für Schritt.

Wichtig ist, dass Sie große Veränderungen nicht von jetzt auf gleich erwarten. Das Leben ist kein Plasma-Fernseher. Positive Veränderungen funktionieren nicht per Tastendruck. Es handelt sich vielmehr um einen Entwicklungsprozess. Es ist, wie wenn Sie ein Fußballspiel live im Stadion erleben wollen. Zunächst müssen Sie sich in Bewegung setzen. Vielleicht haben Sie Glück und finden direkt einen guten Parkplatz oder erwischen einen Sonderzug, der nicht allzu voll ist. So oder so – nach einiger Zeit kommen Sie im Stadion an. Endlich. Wenn Sie jetzt noch die Schlange am Eingang und die 60 Minuten bis zum Spielbeginn überstehen, dann sind Sie mitten im Spiel, auf das Sie sich so gefreut haben. Wenn Sie schon einmal bei einem Fußballspiel live dabei waren, in einem ausverkauften Stadion, dann wissen Sie was ich meine. Diese Atmosphäre ist einzigartig. Völlig anderes als Fußball im Fernsehen. Da spüren sie, dass Sie leben.

Fußball im Fernsehen ist der Stoff, aus dem Träume bestehen. Fußball im Stadion ist der Stoff, mit dem Träume verwirklicht werden.

Nur hingehen, das müssen Sie selbst. Dorthin, wo Ihr Traum spielt. Los geht's. JETZT.

Kapitel 5

Müssen Sie noch oder wollen Sie schon?
Selbstmotivation und Fremdmotivation - die verschiedenen Antriebsarten auf dem Weg zum Ziel

„Wenn das schon reicht zur Motivation, dann müssen wir ja keine Prämien mehr zahlen."

(Trainer Dieter Hecking zum 5:0-Tipp von Werder-Keeper Tim Wiese vor dem 1:0-Sieg des 1.FC Nürnberg in Bremen)

Mit der interessanten Aussage von Dieter Hecking kommen wir in diesem fünften Kapitel richtig ins Geschehen.

In einer Bundesligasaison sind nach dem vierten Spieltag erste Tendenzen und Erkenntnisse schon relativ belastbar. Wenn es gut gelaufen ist, reitet ein Team möglicherweise auf einer Erfolgswelle bis zum Ende der Saison. Oder es hat den Start verpatzt und wühlt dagegen an, um aus dem Tabellenkeller wieder raus zu kommen.

In der Motivationspsychologie ist es ähnlich. Vier Spieltage entsprechen ungefähr einem Monat, also 30 Tagen. Wenn Sie etwas in Ihrem Leben verändern oder ein Ziel anstreben, geben Ihnen die ersten 30 Tage einen belastbaren Aufschluss darüber, wie gut Sie dafür in Form sind.

Verschiedene wissenschaftliche Studien zeigen, dass sich das menschliche Gehirn nach dieser Zeit auf eine Veränderung konkret einstellt. Denn obwohl einzelne Impulse vom Gehirn auf Nerven und Muskeln in Windeseile übertragen werden, ist unsere Denkmaschine im Gesamten ein eher träges Organ.

Oder anders gesagt: Wer das erste Spiel gewinnt, ist noch lange nicht Meister. Wer eine Zigarette nicht raucht, ist noch lange kein Nichtraucher. Wer einen Kuss bekommt, hat noch nicht den Partner fürs Leben gefunden. Wer einen guten ersten Tag im neuen Job erlebt, ist noch nicht wie geschaffen dafür. Wahrscheinlich waren Sie auch schon mal sehr verliebt. In den ersten Tagen schwebten Sie wie auf Wolke Sieben.

Spätestens nach 30 Tagen sind Sie wieder gelandet. Eine Hoffnung ärmer, eine Erfahrung reicher. Richtig? Auch daran erkennen Sie die ersten 30 Tage als einen guten Gradmesser für nachhaltiges Gelingen.

Umdenken bedeutet, das eigene Handeln zu hinterfragen und ggf. zu verändern. Es heißt, sich emotional auf neue Situationen einzulassen, und offen gegenüber dem zu sein, was Sie noch nicht kennen. Keine Lebenssituation ist in Stein gemeißelt. Sie ist höchstens in Ihren Denk- und Handlungsmustern verankert.

Was macht ein Seemann, wenn er woanders hin möchte? Er lichtet den Anker und setzt die Segel. Damit bewegt er sich. Das können Sie auch. Wenn Sie wüssten. Es ist gar nicht so schwer. Sie müssen nur damit anfangen.

Denken Sie an die Zeit als Kind zurück. Was hat Sie damals mehr interessiert? Das, was Sie schon kannten oder das, was Sie noch nicht kannten? Ich wette, Sie waren neugierig und begeistert von neuen Dingen. Oder schauen Sie sich Ihre Kinder an, wenn Sie welche haben. Welches Spielzeug reizt sie mehr? Das, welches sie schon haben oder das, welches sie noch nicht haben?

Interessanterweise finden wir Menschen das Unbekannte meistens interessanter als das Bekannte. Das neugierige Kind, offen für Verände- rung, eher gelangweilt vom Unveränderlichen, steckt immer noch in uns. Nur wenn es um Veränderung bei uns selbst geht, sind wir mit der Zeit lethargischer geworden. Das liegt an unserem Kopf, dem trägen Organ. Er hat sich an das angepasst, womit wir ihn durch tägliche Bewertungen und Handlungen unbewusst programmieren.

Das Gute am Kopf ist: Sie können ihn wieder umprogrammieren. Denn es ist Ihr Kopf. Sieben Tage in der Woche, 24 Stunden am Tag ist es Ihr Kopf. Sie haben ihn nicht geliehen bekommen. Sie müssen niemandem etwas dafür bezahlen. Sie müssen ihn schließlich auch mit sich herum- tragen. Das nimmt Ihnen niemand ab. Also haben Sie auch das Recht, mit Ihrem Kopf zu tun, was Sie für richtig halten. Und damit auch mit Ihrem Leben.

Die erste Frage, die ich dafür zu Ihrer Herausforderung stelle, lautet: Müssen Sie noch oder wollen Sie schon?

Auf der einen Seite gibt es die Motivation des Müssens. Diese hat mit elementaren Dingen zu tun, die uns am Leben erhalten und unseren Lebensstandard sichern. Das sind primäre Erledigungen, die jeder tun muss, wenn er z.B. seinen Verein am kommenden Samstag noch spielen sehen möchte. Dazu gehört auch die Motivation, die Miete zu bezahlen, wenn Sie in einer Mietwohnung leben. Denn Ihr Vermieter wird Ihnen etwas husten, wenn Sie plötzlich sagen: „Ich muss ja keine Miete bezahlen, um am Leben zu bleiben, also bezahle ich keine mehr." Dasselbe gilt für die persönliche Gesundheit. Geld verdienen, etwas Sport treiben und ähnliche Dinge gehören zu einem erstrebenswerten Leben dazu.

Eine weitere, starke Motivation des Müssens hängt mit konkreten - meist selbst auferlegten - Zwangssituationen zusammen, in denen Menschen stecken, z.B. in einem Job oder in einer Beziehung, in der sie sich nicht wohlfühlen. Lange passiert in solchen Fällen nicht viel, das einen motiviert, etwas zu ändern. Ist der Leidensdruck groß genug, kommt das Fass zum Überlaufen. Dann müssen sie einfach etwas ändern, um davon weg zu kommen, damit es nicht den berühmten letzten Nerv kostet.

Bei dieser Motivation des Müssens lautet das Ziel nicht, Meister zu werden. Höchstens Meister einer Situation, die uns nicht gefällt. Der Anreiz ist hier eher ein Würgereiz, den man in Zukunft vermeiden möchte. Es geht um das Wegwollen. Im Fußball spricht man da z.B. gerne vom Abstiegsgespenst. Es raubt Energie, vernebelt die Wahrnehmung und den Blick nach vorne. Irgendwann leuchtet nur noch die sprichwörtliche rote Laterne.

Die Motivation des Wollens ist hingegen konkret mit einem Ziel verknüpft. Mit Ihrem Ziel, das Sie sich setzen. Mit Ihrem Plan, den Sie dafür machen. Also mit dem Hinwollen. Im Gegensatz zur Motivation des Müssens hat sie wesentlich mehr mit Freiwilligkeit zu tun. Mit Ihrem freien Willen. Mit Ihrem Vorhaben, Ihr Leben nach Ihren Bedürfnissen und Wünschen zu gestalten. Ziele sind dafür die Anreize, in Situationen zu kommen, die Sie zufrieden und glücklich machen.

Wenn Sie bereit sind, Dinge loszulassen, dann kann es losgehen mit dem Hinwollen. Denn das Neue, Andere braucht Platz. Sowohl in Ihrem physischen Leben als auch in Ihrem Denken. Sie können es anschaulich mit einer Wohnung vergleichen. Oder mit einer Computerfestplatte. Wenn Sie immer mehr Sachen in die Wohnung stellen bzw. immer mehr Programme laden, dann ist irgendwann kein Platz mehr da. Weder im Wohnzimmer noch auf der Festplatte.

Es nutzt wenig, Ihr neues Denken nur Ihrem alten Denken hinzuzufügen. Denn wie gesagt, das Gehirn ist träge. Ein Ingenieur würde sagen, es ist schweres Gerät. Es dauert eine Weile, seine Richtung zu ändern. Aber wenn es einmal läuft, ist es schwer aufzuhalten.

Auch deshalb sind die ersten 30 Tage einer Veränderung so wichtig. Stellen Sie sich einen Weg vor, auf dem Sie die ersten Schritte gehen. Anfangs wahrscheinlich noch etwas mühselig und unsicher. Aber Sie laufen trotzdem weiter. 30 Tage lang. Dann sind Sie schon so weit, dass Sie gar nicht mehr umkehren wollen. Dann kehrt sich eher Ihr Denken endgültig um. Dann wollen Sie nicht nur. Dann müssen Sie es, weil sie es wollen. In der Fußballsprache spricht man dann vom unbedingten Willen zum Sieg.

Um auf ein solches Motivationslevel zu kommen, ist es gut, wenn Sie sich selbst Anreize schaffen. Gönnen Sie sich etwas, wenn Sie etwas schaffen. Belohnen Sie sich nach 30 Tagen mit etwas, das Sie schon immer machen wollten. Wenn es Ihnen vielleicht gerade nicht präsent ist, überlegen Sie. Es gibt garantiert etwas, das Sie schon immer tun wollten.

Geben Sie Ihrem eigenen Start in ein glückliches Leben 30 Tage Zeit. Wie für den Start in eine Fußballsaison. Nach 30 Tagen schauen Sie: Wie weit sind Sie? Was hat funktioniert? Fehlt Ihnen etwas? Nicht? Bestens!

Wenn Sie wüssten, was Sie alles nicht müssen!

Kapitel 6

Selbstbewusstsein –
Ihr körpereigenes Kraftwerk
Wie Sie Ihre Stärken erkennen und Ihre Schwächen zu Spezialitäten machen

„Entweder ich gehe links vorbei oder ich gehe rechts vorbei."

(Ludwig Kögl)

Zum Thema Selbstbewusstsein gibt es inzwischen viele Erkenntnisse. Denn Selbstbewusstsein ist wesentlich für die Entwicklung Ihrer Individualität, auch im Hinblick auf Ihre Stärken und Schwächen. Es sorgt sogar mit für die Evolution der Menschheit insgesamt.

Ein eindrucksvolles Beispiel für ein gesundes Selbstbewusstsein ist das o.g. Zitat von Ludwig Kögl. Kögl spielte in den 1980er Jahren lange Jahre für Bayern München und in den 1990er Jahren für den VFB Stuttgart. Er war als Dribbelkönig auf der linken Seite bekannt, wurde sechs Mal Deutscher Meister und spielte zwei Mal in der Nationalmannschaft. Sein Spruch veranschaulicht das Thema Selbstbewusstsein sehr prägnant. Erstens bringt er die entscheidenden Stärken eines Dribbelkönigs zum Ausdruck: Schnelligkeit, Wendigkeit, Durchsetzungskraft, Flexibilität, Cleverness und Unberechenbarkeit.

Daneben lässt Kögls Zitat eine fast schon naiv anmutende Selbstironie aufblitzen. „Links oder rechts vorbei" – einfacher lässt sich Dribbeln kaum beschreiben. Gleichzeitig macht es sympathisch, weil es so lapidar, so selbstverständlich daher kommt. Da will einer gar keine großen Worte finden. Das ist auch nicht seine Aufgabe. Er spielt seine Gegner mit dem Ball aus. Nicht mit dem Duden. Manch einer könnte ihm deswegen eine Schwäche unterstellen. Sei's drum. Schwach ist nur der, der Schwächen nicht akzeptiert.

Selbstbewusstsein bedeutet auch, eigene Schwächen zu erkennen und daran zu arbeiten. Was sind Ihre Schwächen? Was, Sie haben keine? Dann ist die Selbstillusion Ihre größte Schwäche. Jeder hat Schwächen. Machen Sie sich nichts vor. Schwächen sind nicht nur menschlich. Vielleicht sind Ihre Schwächen sogar liebenswürdige Facetten Ihrer Persönlichkeit. Denken Sie beispielsweise einmal daran, wie Sie etwas nach langer Anstrengung geschafft haben. Dann ist es wie eine Last von Ihnen abgefallen und in diesem Moment waren Sie vielleicht schwach im Sinne von empfänglich und ausgelassen. Fußballtrainer wie Jürgen Klopp lassen sich beim Gewinn einer Meisterschaft sogar mit Bier übergießen. Während der Saison ist so etwas undenkbar. Im Moment des Triumphes sind sie empfänglich genug, um es mit sich machen zu lassen. Das macht sie sympathisch. Dafür werden sie geliebt.

Als Sportmentaltrainer komme ich mit den verschiedensten Sportarten und Menschentypen in Berührung. So verschieden die Ziele dieser Menschen sind, die mir begegnen, in einem sind sie alle gleich: Sie sind an einem Punkt angelangt, an dem sie beginnen, sich und ihr Leben zu hinterfragen. Sie haben begonnen zu reflektieren, wer sie sind und was sie wirklich wollen. Tun Sie das auch? Hoffentlich. Oder warum lesen Sie dieses Buch? Es zwingt Sie niemand dazu. Wenn doch, dann hinterfragen Sie sich bitte, warum Sie sich dazu zwingen lassen.

Stellen Sie sich Ihr Selbstbewusstsein wie einen Apfelbaum vor. Für jeden Gedanken, der Sie ihrem Ziel mental näher bringt, denken Sie sich einen Apfel, der am Baum zu wachsen beginnt. Nach und nach werden es immer mehr und immer größere Äpfel. Nun haben Sie zwei Möglichkeiten. Sie können einerseits den Äpfeln zuschauen, wie sie nach und nach zu Boden fallen. Denn das machen Äpfel, sobald sie reif sind. Das liegt in ihrer Natur. Das Problem dabei ist, dass Sie davon nichts haben. Die Äpfel liegen am Boden und Sie träumen davon, was Sie mit ihnen machen könnten, wenn Sie sie gepflückt hätten. Die Folge ist: Ihrem Ziel bringt sie das nicht näher. Es entfernt sich. Denn langsam, aber sicher verwelken die Äpfel am Boden. Auch das liegt in der Natur der Dinge.

Die andere Möglichkeit ist die bessere: Pflücken Sie die Äpfel und machen etwas daraus. Machen Sie daraus den Apfelsaft, den Sie trinken, wenn Sie auf dem Weg zu Ihrem Ziel durstig sind. Oder den Kuchen, den Sie essen, wenn Sie hungrig sind.

Was Sie auch tun, Hauptsache, Sie tun es. Genau das bringt Sie weiter. Veränderung entsteht mit dem Tun. Nicht mit dem Darüber-Nachdenken. Das Wollen ins Handeln zu verwandeln, darauf kommt es an.

Vielfach haben Menschen Angst vor Veränderung. Oft genug ist es auch pure Bequemlichkeit, die sie davon abhält, sich zu ihrem Ziel zu bewegen. Und so rennen sie ihr halbes Leben lang einem Traum hinterher ohne ihm jemals einen wirklichen Schritt näher zu kommen. Erstaunlicherweise sind sich manche Menschen darüber sogar bewusst. Was ihnen fehlt, ist letztlich nur ihre Entschlossenheit, ihr Leben an den Hörnern zu packen. Denn wenn sie es nicht selbst tun, tut es niemand. Dann komme ich ins Spiel und zeige ihnen, wie sie es am besten umsetzen können.

Wenn Sie wüssten, wie effektiv das sein kann. Die ersten Schritte der Veränderung sind oft schon der halbe Weg zu einem neuen Ziel.

Also, hadern Sie nicht. Halten Sie sich Ihre Stärken und Schwächen vor Augen. Und dann: Wachsen Sie hinein. Tun Sie. Verändern Sie. Bewegen Sie sich. Beginnen Sie mit den Dingen, die Ihnen leicht fallen. Damit machen Sie erste Erfolgserlebnisse. Damit wächst Ihr Selbstbewusstsein. Es wird Sie für schwierigere Dinge motivieren. Und irgendwann – es wird gar nicht so lange dauern – tun sie die Dinge wie von selbst und andere Leute werden denken, Sie hätten nie etwas anderes getan. So natürlich wird es für Sie sein.

Fassen wir noch einmal die vier wesentlichen Punkte auf dem Weg zu Ihrem Selbstbewusstsein zusammen:

1. Erkennen Sie Ihre Stärken und üben Sie diese in der Praxis.

2. Machen Sie Ihre Schwächen zu Spezialeffekten Ihrer Persönlichkeit.

3. Pflücken Sie die Äpfel bzw. Chancen, die Ihnen das Leben bietet.

4. Seien Sie sich dessen jederzeit selbst bewusst!

Kapitel 7

Konzentration aufs Wesentliche
Wie Sie Ziele nicht aus den Augen verlieren – Erfolgsmotor Entschlossenheit

„Wir sind so stark wie unsere Überzeugungen."

(Josep „Pep" Guardiola)

Auf den folgenden Seiten möchte ich thematisieren, wie Sie Ihr Selbstbewusstsein noch intensiver nutzen können.

Sie kennen diese Fußballspiele, wenn eine Mannschaft von Beginn an hochkonzentriert und reaktionsschnell zu Werke geht. Oft handelt es sich nur um Bruchteile von Sekunden, aber die Spieler dieses Teams sind einfach immer etwas eher am Ball. Die andere Mannschaft rennt von Anfang an hinterher, während das andere Team alles richtig zu machen scheint.

Woher kommt diese enorme Präsenz? Ein starkes Selbstvertrauen ist wie gesagt Voraussetzung. Aber dazu gehört noch mehr: Höchste Motivation und Konzentration, der unbedingte Wille zum Sieg und die entsprechende Entschlossenheit. Und zwar jetzt und hier. Nicht morgen oder übermorgen oder in der Rückrunde. In diesem Moment, in diesen 90 Minuten ist alles andere egal.

Wenn Sie bei einer Mannschaft diese viel zitierte Präsenz spüren, können Sie davon ausgehen, dass sie sich optimal auf das Spiel vorbereitet hat. Ihre Entschlossenheit ist ihnen in jeder Sekunde anzusehen. In der Körperhaltung, im Gesichtsausdruck, in der Sicherheit ihrer Aktionen. Natürlich bleiben im Fußballsport immer Restrisiken, so dass man vorher nie weiß, welches Team entschlossener zu Werke geht. Schließlich gibt es auch noch einen Gegner. Das macht es ja wiederum spannend.

In der Bundesligasaison 2012/13 hat der FC Bayern München ein ganz besonderes Kunststück fertig gebracht: Das Triple. Danach

galten die Bayern schon als „die beste Mannschaft der Welt." Zur
neuen Saison kam Pep Guardiola als neuer Trainer nach München.
Damit übernahm er eine schier unlösbare Aufgabe. Denn wie sollte
man bei dem Spitzenfußball der Bayern noch einen draufsetzen?

Allen Unkenrufen zum Trotz: Guardiola brach mit seinem Team
einen statistischen Bundesligarekord nach dem anderen. Zeitweise
schienen die Gegner geradezu in Ehrfurcht zu erstarren, wenn die
Bayern den Ball laufen ließen. Und bei Fußballwetten tippten die
Fans eigentlich nur noch auf die Höhe eines Bayern-Siegs.
Ein Unentschieden oder gar eine Niederlage schien undenkbar.

Wie hat Guardiola das gemacht? Seine grundsätzliche Philosophie
eines erfolgreichen Teams ist im Grunde sehr einfach gehalten.
Er sagt selbst: „Wir spielen linken Fußball. Alle machen alles."
Guardiola setzt mehr auf Allrounder als auf Spezialisten, die er auf
verschiedenen Positionen einsetzen kann. Wie z.B. Philipp Lahm
als Sechser im Mittelfeld. Diese neue Flexibilität hält das Münchner Spiel überraschend und sorgt für ein hohes Maß an Ballbesitz.
Der FC Bayern hielt in der vergangenen Spielzeit durchschnittlich
70 von 90 Minuten den Ball in den eigenen Reihen. Damit macht
die Mannschaft das Spiel schnell und sucht dabei stets die Lücke
für den „tödlichen" Pass in die Spitze. Oft genug hat diese Taktik
sehr gut funktioniert. Auch beim diesjährigen Champions-League-
Halbfinale in Madrid dominierte München in den ersten 20 Minuten
ganz klar das Geschehen. Die Spieler waren entschlossen genug.
Die sogenannten „Königlichen" liefen nur hinterher. Bis zu ihrem
ersten ernsthaften Angriff. Prompt zappelte der Ball im Tor von
Manuel Neuer. Das war der Knackpunkt des Spiels. Die Bayern
kontrollierten zwar weiterhin das Geschehen. Die Entschlossenheit
zur Überraschung und damit die Madrilenen zu Fehlern zu zwingen,
war hingegen verflogen.

Pep Guardiola wird sich dieses Spiel genauestens angeschaut
und analysiert haben. Er wird sich auch gefragt haben, warum z.B.
Frank Ribéry nur ein Schatten seiner selbst war. Vor allem wird er
seine Spieler selbst gefragt haben, was sie nach dem Gegentor so

uninspiriert zu Werke gehen ließ. Denn Guardiolas Erfolgsprinzip geht weit über den Rasen hinaus. Nach eigener Auskunft beschäftigt sich der ehemalige spanische Nationalspieler nur zu 30 Prozent mit Fußball. Zu 70 Prozent wird seine Arbeit als Trainer von den Umständen bestimmt, die sein Team beeinflussen. Dies betrifft sowohl sportliche als auch private und persönliche Angelegenheiten jedes einzelnen Akteurs. Daneben teilt er seinen Spielern stets das Warum einer Entscheidung mit. Damit bleibt Guardiola authentisch. Die Spieler glauben ihm. Sie kennen ja den Spruch „Glaube versetzt Berge". In diesem Fall vorwiegend Gegenspieler. Wenn man nicht gerade wie Frank Ribéry in Madrid einen schlechten Tag hat. Aus welchem Grund auch immer. Pep Guardiola wird die Ursache herausfinden und daran arbeiten.

Guardiolas größter Erfolgsfaktor ist seine eigene Entschlossenheit. Ständige Weiterentwicklung bezeichnet er als sein eigenes Berufsethos. Stundenlang analysiert er Videomaterial des nächsten Gegners. Bis er in einem kurzen Moment eine entscheidende Schwachstelle erkannt zu haben glaubt. Dann trainiert er intensiv mit seinem Team, um diese Schwachstelle zum eigenen Vorteil nutzen zu können. Und wenn dies dann im Punktspiel gelingt, erreicht Guardiola, wie er selbst sagt, „einen geradezu irren, fantastischen Moment, der seinem Beruf einen Sinn gibt."

Den Vorteil der Entschlossenheit können Sie 1:1 aus dem Fußball in das Geschäftsleben und in viele Bereiche des Privatlebens übertragen. Wer entschlossen bei der Sache ist, hat definitiv die besseren Karten, dass sich die Dinge nach seiner Vorstellung entwickeln. Sie kennen das aus Meetings und Kundengesprächen, aber auch von privaten Veranstaltungen. Entschlossenheit schafft Präsenz. Präsenz schafft Aura. Aura schafft Aufmerksamkeit.

Wir kennen es alle, wenn es heißt, jemand hat eine große Ausstrahlung oder ein einnehmendes Wesen. Das bedeutet letztlich nichts anderes, als dass sich dieser Mensch – egal ob Mann oder Frau – bereits intensiv mit dem beschäftigt hat, was er kann, was er will und was er dafür zu tun bereit ist. Dadurch hat er ein klares

Ziel vor Augen und ist fest entschlossen, es zu erreichen. Er hat es sich förmlich einverleibt. Er erweckt sein Ziel zum Leben. Er ist die Veränderung, die er sucht.

Diesem Menschen wird wegen seiner Ausstrahlung automatisch mehr Aufmerksamkeit zuteil. Und seien Sie ehrlich zu sich selbst: Wem schenken Sie lieber Aufmerksamkeit? Jemandem mit einer starken Aura oder jemandem ohne Ausstrahlung? Wem hören Sie lieber zu? Jemandem, der einen mitreißen kann, bei dem Sie das Gefühl haben, dass er weiß, wovon er spricht? Oder jemandem, der viel redet ohne etwas zu sagen? Von wem lassen Sie sich eher überzeugen? Von jemandem, der aus Überzeugung handelt und aus Erfahrung spricht? Oder von jemandem, der Sätze auswendig gelernt hat ohne ihren Sinn zu verstehen? Die meisten Menschen entscheiden sich für entschlossene Überzeugungstäter mit Ausstrahlung und Erfahrung.

Ihre Entschlossenheit ist einer der Schlüsselfaktoren für eine starke Präsenz und damit für Ihren Erfolg. Die Frage ist also: Wie erreichen Sie eine starke Entschlossenheit? Denn zu kaufen gibt es Entschlossenheit nicht. Es gibt auch kein App dafür. Sie müssen Sie sich selbst aneignen, aus sich selbst heraus entwickeln. Das klingt nicht ganz einfach, ich weiß. Deshalb denken Sie nach vorne. Halten Sie sich vor Augen, was Sie dadurch gewinnen. Denn dieser Schlüsselfaktor hat zwei große Vorteile:

1. Sie erreichen Ihre Entschlossenheit exklusiv, die nimmt Ihnen keiner.

2. Ihre Entschlossenheit setzt weitere Kräfte und Fähigkeiten frei wie z.B. Kreativität und Durchhaltevermögen.

Im Wesentlichen geht es bei der Entschlossenheit um einen Wechsel der Perspektive: Schauen Sie nicht von heute nach morgen. Schauen Sie von morgen nach heute.

Stellen Sie sich vor, wie Sie dort sind, wo Sie sein wollen. Malen Sie es sich aus, visualisieren Sie Situationen, die Sie erreichen möchten. Füllen Sie diese gedanklichen Momente mit Gefühlen, die Sie damit in Verbindung bringen. Freude, Glück, Erleichterung, Erfüllung, Ruhe. Lassen Sie diese positiven Gefühle zu. Lassen Sie sie in sich hinein sinken. So können sie sich verankern. Und dann: Schauen Sie von dieser Perspektive aus ins Hier und Jetzt.

Extremsportler Felix Baumgartner wäre wohl kaum aus 40 Kilometern Höhe mit dem Fallschirm gesprungen, hätte er es nicht vorher vielfach aus geringerer Distanz getan. Baumgartner hatte sich für dieses Ziel schon vor vielen Jahren entschlossen, doch nur mit der Erfahrung tausender Fallschirmsprünge konnte er es umsetzen. Nur mit der entsprechenden mentalen Übung und der konkreten Praxis konnte er sich selbst darüber bewusst werden: Ich bin nicht nur entschlossen, es ist auch realistisch, dabei NICHT zu sterben. Denn einen freien Fall aus 40 Kilometer Höhe, das machen Sie nur aus zwei potentiellen Gründen: Entweder Sie haben ein riesiges Selbstvertrauen oder Sie sind wahnsinnig.

Wenn Sie wüssten, wie entschlossen Sie sein können. Denn grundsätzlich können Sie alles, was andere können. Okay, vielleicht nicht so gut. Oder noch nicht. Es ist jedoch jede Mühe wert, die Sie sich machen werden. Es wiegt jeden Schweißtropfen auf, den Sie verlieren werden. Es wiegt jede Minute auf, in der sie sich mit Ihrem Ziel beschäftigen - mental und körperlich.

Je näher Sie Ihrem Ziel kommen, umso mehr wird sich jedes Hadern, jedes Zweifeln in Luft auflösen. Ihre Zukunft ist wesentlich. Gehen Sie ihr entgegen. Schritt für Schritt.

Ihre Entschlossenheit macht es möglich, dabei glücklich zu sein. Denn Sie wissen stets, wofür Sie etwas tun.

Kapitel 8

Training, Training, Training
Talent macht den Finalisten, Übung macht den Champion

„Ich bin abends mit der alten Dame Juve ins Bett gegangen und morgens wieder aufgestanden, weil ich perfekt informiert sein wollte."
(Jupp Heynckes)

Wenn man von Champions spricht, denken wir an Ausnahmetalente. Im Fußball an Ronaldo, Lionel Messi, Zlatan Ibrahimovič. In München an Franck Ribéry und Manuel Neuer. In Dortmund an Mats Hummels und Marco Reus.

Wenn wir schon am Schwärmen sind, fallen noch Namen wie Muhammed Ali, der legendäre Boxer, der Formel 1-Rennfahrer Sebastian Vettel, Basketballer Magic Johnson und wenn's um Schnelligkeit geht: Usain Bolt, der schnellste Mann der Welt.

Auch über den Sport hinaus gibt es legendäre Champions. In der Musik beispielsweise Elvis Presley, Madonna, Mozart und Michael Jackson, in der Filmbranche Robert de Niro, Sophia Loren, Romy Schneider, Julia Roberts und Robert Redford, in der Kunst Picasso, Dalí und Warhol. Für Computerenthusiasten heißen die wahren Champions Steve Jobs und Bill Gates.

All diese Meister ihres Fachs waren in ihrem Bereich stilprägend, haben neue Maßstäbe gesetzt oder die Grenzen des bis dahin Vorstellbaren gesprengt. Ganz bewusst habe ich recht viele Namen aufgezählt. Auch wenn es für uns selbst vielleicht nur einen echten, wahren Champion gibt, insgesamt betrachtet kommt ein Held nur selten alleine. Auch Ausnahmeerscheinungen brauchen andere Menschen, die sie inspirieren, von denen sie sich inspirieren lassen und von denen sie lernen können.

Nun schätzen Sie einmal: Welche dieser oben genannten Champions haben ihre Ausnahmeleistung durch reines Talent erreicht? Wer ist deshalb so erfolgreich geworden, nur weil ihm der liebe Gott eine spezielle Gabe mitgegeben hat? Na, was glauben Sie?

Vielleicht ahnen Sie es schon: Keiner. Kein einziger Champion gewinnt alleine mit seiner Begabung. Kein Ausnahmekönner geht als Ikone in die Geschichte ein, nur weil er mit speziellem Talent gesegnet wurde. Diese Meister sind allesamt Champions geworden, weil sie ihre Stärken zu optimieren verstanden. Weil sie konkret daran arbeiteten, ihrem Ziel näher zu kommen. Schritt für Schritt. Jeden Tag.

Interessanterweise kursiert weit verbreitet die Annahme, eine heraus- ragende Leistung ist nur mit besonderem Talent möglich. Und wissen Sie was? Diese These stimmt sogar. Ohne sein besonderes Talent wäre Sebastian Vettel heute eher Busfahrer als Formel 1-Champion. Ohne sein enormes Gespür für Technik und Design hätte Steve Jobs wahrschein- lich Äpfel auf dem Wochenmarkt verkauft. Ohne ihre spezielle Gabe für die Bedürfnisse der Frau wäre Coco Chanel mit Sicherheit keine Stil- Ikone geworden.

Damit kommen wir zur Crux an der Sache mit der Begabung. Denn ohne Talent geht zwar nichts, aber mit Talent geht noch lange nicht alles. Schon gar nicht von selbst. Mit dieser Thematik haben sich schon wissenschaftliche Studien befasst. So wurden die Lebenswege von Jugendfußballern mit großem Talent begleitet. Im Großen und Gan- zen unterschied sich der Talentfaktor der Spieler nur minimal. Je nach Spielposition wurde den Spielern jedoch eine mehr oder weniger große Zukunft als Profifußballer vorausgesagt. Dies hatte mit der Konkurrenz- situation zu tun, aber auch mit Prognosen, wie sich der Sport entwickeln würde und mit den Profilen der einzelnen Spieler. Bei den einen glaubte man z.B. ein wesentlich größeres Erfolgspotential als Flügelstürmer zu erkennen als bei den anderen. Einer der anderen mit scheinbar weniger Talent hieß damals Lukas Podolski. Und was hat Lukas Podolski ge- macht? Er hat trainiert, um besser zu werden. Und nachdem er fertig war mit dem Training, hat er wieder von vorne angefangen.

In der Formel 1 ist es ähnlich. Z.B. galt Sebastian Vettel als er mit neun Jahren auf der Kartbahn von Michael Schumacher in Kerpen mit dem Rennfahren begann, durchaus als großes Talent. Der Clou ist jedoch: Es gab noch viele andere Jungs mit ähnlich großer Begabung als Rennfah- rer. Und wer ist als Neunjähriger noch eine Stunde länger Kart gefahren, auch als es schon dunkel wurde? Wer hat anschließend seinen Kart samt der Rennstrecke in Gedanken mit ins Bett genommen? Sebastian Vettel.

Die Frage ist also: Warum schaffen es die Einen, aus ihrem Talent das Bestmögliche zu machen und warum schaffen es die Anderen nicht? Und vor allem: Wie schaffen Sie das?

Verschiedene Studien mit talentierten Sportlern kamen zu folgendem Ergebnis: 90 Prozent eines persönlichen Erfolgs resultieren aus Talent, Engagement, Know-how, Selbstbewusstsein und Glück. Mit diesen 90 Prozent schaffen Sie es an der Spitze Ihres persönlichen Talentbereichs zu schnuppern. Oder wie es Franz Beckenbauer im Zusammenhang mit dem FC Bayern München sagen würde: „Viertel- oder Halbfinale ist schon ein großer Erfolg. Allerdings nicht für uns." Was also fehlt, sind die restlichen 10 Prozent. Diese 10 Prozent unterscheiden die Champions von den Talenten. Diese 10 Prozent bestehen aus Ihrem unbedingten Willen zum Erfolg sowie aus Ihrer Bereitschaft, dafür nicht nur das Notwendige, sondern auch das Nichtnotwendige zu tun.

Die Rechnung ist also unter dem Strich einfach: Geben Sie immer 100 Prozent, dann bekommen Sie auch das Beste zurück.

Im Grunde ist es wie mit Kindern. Stellen Sie sich ihre Begabung als ein kleines Kind vor. Als IHR Kind. Sie haben verschiedenen Möglichkeiten, mit ihm umzugehen und es zu erziehen. Was glauben Sie, was aus ihm wird, wenn Sie sich nicht darum kümmern? Wenn Sie ihm keine Aufmerksamkeit schenken, sich nicht mit ihm beschäftigen? In solchen Fällen spricht man später von Vernachlässigung oder gar von Verwahrlosung.

Der Spruch von Grandseigneur Jupp Heynckes über die alte Dame Juve mag amüsant erscheinen. In erster Linie zeigt Heynckes damit punktgenau auf, was das Erreichen eines Erfolgs möglich macht. Es geht darum, konkret an sich zu arbeiten. Neben dem konkreten Üben gehört dazu auch die intensive Information über Ihr Themengebiet. Also auch über Ihre Mitbewerber.

Wenn Sie wissen, was die anderen machen, können Sie entsprechend darauf reagieren oder sind ihnen sogar einen Schritt voraus.

Auch im Geschäftsleben kommt dieses Prinzip anschaulich zum Tragen. Wer sich vor einem Termin über die Bedürfnisse von Geschäftspartnern oder über die Lage beim Kunden informiert, kann sich schon vorher in das Gespräch hinein denken. Er kann sich über potentielle Lösungen Gedanken machen. Dann hat er umso bessere Antworten, wenn es darauf ankommt bzw. tatsächlich zur Sprache kommt. Auch das Informationsmanagement gehört zum Training und damit zum Weg in Richtung Ihres Ziels.

Für ein sinnvolles und effektives Training Ihrer Talente habe ich folgende konkrete Tipps:

1. Verlieren Sie Ihr Ziel nie aus den Augen.

2. Schenken Sie Ihren Talenten Aufmerksamkeit.

3. Wenn Sie wissen, was Sie können, können sie es mit der Zeit immer besser.

4. Nehmen Sie sich täglich genügend Zeit, um Ihre Fähigkeiten konkret zu trainieren.

5. Wille und Engagement sind stärker als reines Talent. Mit der Zeit wird Ihre Aktivität selbstverständlich. Sie machen es als ob Sie nie etwas anderes getan haben.

6. Bleiben Sie geduldig mit sich. Steter Tropfen höhlt den Stein besser als ein kurzer, heftiger Schauer.

7. Champions werden nicht als Champions geboren. Sie erarbeiten sich ihre Meisterschaft kontinuierlich.

8. Machen Sie Ihr Ding. Behalten Sie dabei im Auge, was Andere machen. Es unterstützt Ihren Erfolg.

Kapitel 9

Orientierung an Vorbildern - Lernen am Modell
Über die Auseinandersetzung mit dem, was nötig ist, zur Beschäftigung mit dem, was möglich ist

„Messi ist ein Besessener des Fußballs. Er hat etwas, was es nur bei Genies gibt, einen unglaublichen Instinkt, das Richtige zu tun."
(Günter Netzer)

Auf den folgenden Seiten möchte ich Ihnen Antworten auf die Frage liefern, wie Sie von Vorbildern profitieren können. Dazu möchte ich Ihnen zunächst den erstaunlichen Weg beschreiben, auf dem der Argentinier Messi zum einem der besten Fußballer der Gegenwart geworden ist.

Im Dezember 2012 wurde Lionel Messi zum vierten Mal hintereinander zum Weltfußballer des Jahres gewählt. Damit ist der Argentinier mit seinen 26 Jahren schon eine Legende und für viele Jugendfußballer ein großes Vorbild.

Sicher kann man sich darüber streiten, ob Christiano Ronaldo, Zlatan Ibrahimović, Arjen Robben, Franck Ribéry oder ein deutscher Spieler noch besser sind. Was einen Könner jedoch wirklich zur Legende macht, ist seine Beständigkeit und seine Stabilität. Tatsächlich spielt Messi – abgesehen von kleinen Schwankungen – seit Jahren auf höchstem Niveau.

Manchmal rätsele ich, ob Messi eigentlich wie ein normaler Mensch auch einmal Einkaufen geht oder ob er mit dem Ball am Fuß durch den Supermarkt dribbelt; ob er beim Bau seines Hauses Freistöße um die entstehenden Mauern zirkelt. Messis Virtuosität am Ball lässt auch unsere Phantasie blühen. Manche halten ihn sogar für einen Außerirdischen, für einen Abgesandten des Fußballgotts. Manche glauben, er sei mit einem Fallrückzieher auf die Welt gekommen oder ähnlich wie Obelix als Kind in einen Topf mit Lederfett gefallen.

Anhand solcher Ausschweifungen der Phantasie sieht man schon die ansteckende Wirkung, die ein Ballkünstler wie Messi haben kann. Zumindest im Kopf seiner Fans und Beobachter. Vielleicht mag es den ein oder anderen enttäuschen, aber Messi ist tatsächlich ein Mensch. Er hat zwei Beine, zwei Arme und einen Kopf. Er wurde in Argentinien geboren, verbrachte dort mit seinen Eltern und drei Geschwistern die ersten Jahre seiner Kindheit und spielte mit fünf Jahren Fußball im Verein. Zuerst beim Grandoli FC, später bei den Newell's Old Boys. Wer allerdings denkt, Messi wäre schon als Kind der Größte gewesen, liegt falsch. Total falsch. Er war der Kleinste.

Messi litt an einer Hormonstörung (Somatrotropinmangel) und war mit 13 Jahren ein sehr kleiner Stöpke. Seine Kameraden und Gegner überragten ihn um mindestens einen Kopf. Nicht nur auf dem Fußballplatz, auch in der Schule wurde der heutige Weltfußballer gehänselt. Denn der Kleinste gilt immer als der Schwächste und befindet sich am Ende der Hackordnung.

Es war also für Messi nicht einfach, sich als Fußballspieler durchzusetzen. Dass er ein gewisses Talent hatte, daran zweifelte niemand. Für die argentinische Regionalliga könnte es vielleicht reichen, war die weit verbreitete Meinung. Niemand traute ihm jedoch solche Leistungen zu, die man heute von ihm kennt.

Da staunen Sie, was? Hoffentlich. Denn Messis Geschichte zum Weltfußballer ist noch nicht zu Ende. Möglicherweise wäre sie auch nie richtig in Gang gekommen, wäre Argentinien um die Jahrtausendwende nicht in eine tiefe Wirtschaftskrise geschlittert. Denn wirkliche fachliche Förderer hatte Messi als Jugendfußballer keine. Aus der finanziellen Not heraus, vor allem um jeden Monat 900 Euro für Messis notwendige Hormontherapie aufbringen zu können, verließen seine Eltern mit ihm und den Geschwistern ihre südamerikanische Heimat in Richtung Spanien.

Nach einigen Umwegen landete der gehandicapte Junge schließlich zu einem Probetraining beim großen FC Barcelona. Dort nahm die tragische Geschichte des Winzlings eine entscheidende Wende. Der damalige Jugendtrainer von Barcelona war sofort begeistert von Messis quirliger, intuitiver Spielweise, die er mit einer großen Übersicht zu verbinden verstand. Denn Fußballer können in der Regel entweder gut dribbeln oder sie haben einen Blick fürs Spiel. Beides auf einmal ist außergewöhnlich. So kam der schwächliche Junge beim FC Barcelona unter Vertrag und fand dort beste Voraussetzungen für den Start seiner einzigartigen Karriere. Sozusagen aus einer hormonellen Not heraus wurde Messi zum Weltfußballer.

Messis Weg ist ein gutes Beispiel dafür, was möglich ist, wenn getan wird, was nötig ist. Denn ohne zwei elementare Maßnahmen in seinem Leben würde keiner von uns diesen jungen Mann kennen.

Erstens war er körperlich zurückgeblieben. Die Hormontherapie war entscheidend, um auf physischer Ebene einigermaßen mit Gleichaltrigen Schritt halten zu können. Messis Familie machte es möglich. Sie taten das Notwendige, um ihrem Sohn die Möglichkeit zu verschaffen, sein Talent beweisen zu können.

Zweitens entwickelten sich die Umstände in Argentinien alles andere als förderlich. Also fackelte die Familie Messi nicht lange und zog nach Spanien. Auch dieser Schritt war notwendig. Es ist müßig zu spekulieren, wie Messis Karriere in Argentinien verlaufen wäre. Vielleicht hätte er sich durchgeboxt. Vielleicht auch nicht. Es ist reine Spekulation. Fakt ist: Durch das Notwendige ergab sich das Bestmögliche. Ein Engagement in Barcelona. Messi war neben Xavi und Iniesta – beide auch eher klein und schmächtig – von Beginn an wie geschaffen für Barcelona – und ist es noch heute.

Hier merken Sie wieder: Kein Meister wird als Meister geboren. Kein Weltfußballer erblickt als solcher das Licht der Welt. Im Fall Messi war sogar lange fraglich, ob er ein normales Leben führen kann.

Übrigens, bei allen Notwendigkeiten in Messis Karriere – von der Hormontherapie bis zum Umzug nach Spanien – auch der viermalige Weltfußballer hatte ein Vorbild: Diego Maradona. Insofern ist es doch beruhigend, dass die meisten Idole von heute selbst Vorbilder hatten. Denn das bedeutet auch, dass jeder selbst zum Vorbild werden kann. Auch Sie!

Meine Empfehlung für Sie in Sachen Vorbilder: Schauen Sie sich drei Biografien von Menschen etwas genauer an, die in Lebensbereichen Erfahrungen sammelten und Erfolge erreichten, in denen Sie sich ebenfalls bewegen möchten.

Sie werden erstaunt sein, mit welchen Herausforderungen diese Könner auf dem Weg zur Meisterhaftigkeit zu tun hatten – und wie sie diese letztlich meisterten. Erfolge haben immer auch mit den Steinen zu tun, die wir auf dem Weg dorthin beseitigen können. Manchmal auch mit richtigen Felsbrocken, die überraschend auftauchen. Letztlich sind es nur Belastungsproben für unsere mentale Stärke, für unsere Entschlossenheit und für unsere Tatkraft.

Schauen Sie sich die Lebenswege der drei Könner an. Wenn Sie wüssten, mit welchen Schwierigkeiten sie zu kämpfen hatten - das würde es für Sie vielleicht etwas leichter machen, oder?!

Kapitel 10

Die Macht und Ohnmacht der Gewohnheit
Wie Sie erkennen, welche Angewohnheiten Ihnen nützen und welche Ihnen schaden

„Beim Football muss man nicht ins Tor schießen, sondern oben drüber. Das konnte ich schon immer ganz gut."
(Ex-Bundesligaprofi Axel Kruse, nachdem ihn ein Berliner American Football-Team engagierte)

Na, was haben Sie gerade gemacht, bevor Sie das Buch aufgeschlagen haben? Entspannungshaltung auf dem Sofa eingenommen? Eine Tasse Tee? Ein Bier eingeschenkt? Kratzen Sie sich am Kopf, während Sie überlegen?

Ich wette, es handelt sich um das, was Sie immer tun, wenn Sie mit dem Lesen beginnen. Es sind Ihre Gewohnheiten, Ihre routinierten Handlungen. Sie gehören zu Ihnen wie der Geruch zu Ihrer Wohnung.

Wir Menschen sind Produkte unserer Erfahrungen und Gewohnheiten. Sie prägen unser Denken, unser Fühlen und unser Handeln.
Albert Einstein hat einmal gesagt: „Wir sind die Summe der Vorurteile, die wir bis zum 18. Lebensjahr erworben haben." Wie Einstein auf das 18. Lebensjahr kommt, ist mir nicht bekannt. Meiner Ansicht nach geht unsere Selbstprägung weit über die Schwelle zum Erwachsensein hinaus. Zweitens würde ich die Persönlichkeit eines Menschen nicht nur aufgrund seiner Vorurteile definieren.

Sie kennen die Situation im Fußballstadion vor einem Bundesligaspiel. Die Mannschaften laufen sich warm und machen verschiedene Übungen. Dann gehen sie in die Kabine. Kurz vor dem Anpfiff kommen sie wieder heraus. Meistens mit Jugendspielern an der Hand. Sie stellen sich am Mittelkreis auf, es folgt die Platzwahl und das Shakehands der Spieler. Es sind übliche Rituale. Wir kennen sie. Wir mögen sie. Sie machen den Besuch im Stadion ebenso berechenbar wie eine Fußballübertragung im Fernsehen.

Stellen Sie sich vor, diese Rituale gäbe es nicht. Jeder Spieler würde vor dem Spiel etwas anderes machen. Der eine säße mit dem Laptop auf dem Platz, der andere würde sich sonnen, der dritte direkt zum Anpfiff mit dem Fallschirm abspringen. Am nächsten Samstag wieder ein völlig anderes Szenario. Medial betrachtet wäre es eine publikumswirksame Show und ein interessantes Experiment. Denn es wäre ungewohnt und damit gewänne es automatisch unsere Aufmerksamkeit. Auf das, was wir nicht kennen, reagieren wir um ein Vielfaches stärker als auf das, was wir kennen.

Nicht umsonst spricht man von der Macht der Gewohnheit. Nicht nur bei Fußballprofis schaffen Gewohnheiten eine Verlässlichkeit für ihr Handeln. Auch für uns Normalmenschen bedeuten unsere Gewohnheiten, dass wir wissen, wo wir sind und was wir tun. Sie schaffen Kontinuität und Struktur. Die andere Seite der Medaille ist die Macht, die unsere Gewohnheiten über uns haben. Das merken Sie an ganz einfachen Beispielen. Sind Sie Frühaufsteher? Dann probieren Sie einmal auszuschlafen. Gehen Sie für gewöhnlich nach dem Aufstehen zuerst in die Küche, machen sich einen Kaffee und lesen dann Zeitung? Dann gehen Sie einmal direkt nach dem Aufstehen Joggen. Ja, das ist hart. Unser innerer Schweinehund, der Hüter unserer Gewohnheiten ist ein zähes Viech. So leicht lässt er sich nicht überwinden. Aber wissen Sie was? Auch der innere Schweinehund ist lernfähig und sogar lernwillig. Er ist nur sehr träge in seiner Auffassungsgabe. Um ihm zu zeigen, wer Herr im Hause unserer Persönlichkeit ist, müssen wir ihm konkret vormachen, was wir ändern wollen. Sie sind sein Herrchen bzw. Frauchen. Nicht umgekehrt. Vergessen Sie das nicht. Dann vergisst er es auch nicht.

Damit Ihr innerer Schweinehund auf Sie hört und nicht einfach davon rennt oder sie sogar anknurrt - bildlich gesprochen - empfehle ich Ihnen Folgendes:

Ein Ziel haben Sie schon definiert. Einen Erfolg oder einen Zustand, den Sie erreichen möchten (siehe Kapitel 2). Nun legen Sie drei konkrete Etappenziele fest, die Sie auf dem Weg dorthin erreichen wollen.

Diese Meilensteine machen Ihr Ziel greifbarer. Sie bekommen schneller konkrete Ergebnisse als wenn Sie immer nur an das Ende der Fahnenstange denken.

Wenn Sie z.B. eine Firma gründen und als Unternehmer erfolgreich sein wollen, wäre ein erster Meilenstein die Erstellung eines Businessplans. Dazu gehört die gründliche Beschäftigung mit Ihrem Vorhaben. Samt den benötigten finanziellen Mitteln, Räumlichkeiten, Gerätschaften, Partnern und allem, was dazu gehört. Nehmen Sie sich für den Businessplan die Zeit, die Sie brauchen. Übereilen Sie nichts, aber lassen Sie auch nicht den berühmten Schlendrian walten. Wenn Sie denken, der Businessplan sei fertig, lassen Sie ihn eine Woche liegen. In dieser Woche lassen Sie Ihre Idee sacken während Sie sich bewusst mit anderen Dingen befassen. Denken Sie in dieser Zeit nicht groß über Ihren Geschäftsplan nach. Nach sieben Tagen schauen Sie sich den Plan noch einmal genau an. Denn in dieser Woche kann er sich auf unbewusster Ebene in Ihnen verfestigen. Wesentliches bleibt bestehen, Unwesentliches verflüchtigt sich. Dann optimieren Sie noch einmal Ihren Plan.

Als zweites Etappenziel definieren Sie den konkreten Unternehmensstart, wenn Sie das notwendige Startkapital und eventuell ein Büro sowie Partner oder Mitarbeiter haben. Dann kann es losgehen. Dann kommt es darauf an, wie Sie agieren und wie der Markt auf Ihre Idee reagiert.

Als dritten Meilenstein legen Sie den Break-Even-Point fest. Also den Zeitpunkt, an dem Sie schwarze Zahlen schreiben. Wenn Sie den Break-Even erreicht haben, dann haben Sie großen Grund zum Feiern. Also feiern Sie. Sie haben es sich verdient. Aus eigenem Antrieb heraus. Darauf können Sie stolz sein. Auf dieser Basis lässt sich doch gut weitermachen.

Kommen wir nun zu Ihren Gewohnheiten auf dem Weg zu Ihren Etappenzielen. Nehmen Sie sich einen Zettel, einen Stift und ein paar Minuten Zeit. Zeichnen Sie auf den Zettel links oben ein Pluszeichen. Es steht für Ihre guten Angewohnheiten, also für die, die Ihnen nutzen. Die

hat jeder. Rechts oben zeichnen Sie ein Minuszeichen. Das Minus steht
für Ihre schlechten, hinderlichen Angewohnheiten, die Ihnen auf dem
Weg zu Ihrem Ziel im Wege stehen. Die hat leider auch jeder. Niemand
ist perfekt. Dann unterteilen Sie den Zettel von oben nach unten in drei
Bereiche. Jeder Bereich steht für einen Milestone.

Nun haben Sie Ihre Gewohnheiten vor Augen. Sowohl die guten als
auch die schlechten. Wenn Sie z.B. einen Marathon laufen möchten
und die Angewohnheit haben, jeden Morgen Yoga oder Gymnastik
zu machen, ist das eine förderliche Angewohnheit. Sie wird Ihnen auf
Ihrem Weg helfen. Schreiben Sie diese Gewohnheit unter das Pluszeichen. Anschließend schreiben Sie eine weitere gute Angewohnheit
unter das Plus für Ihren ersten Meilenstein. Danach noch jeweils zwei
weitere für die beiden weiteren Etappenziele. Damit haben Sie sechs
nützliche individuelle Gewohnheiten aufgelistet.

Falls Ihnen spontan scheinbar nicht genug positive Angewohnheiten
einfallen, denken Sie ein bisschen tiefer nach. Denken Sie an schwie-
rige Situationen in ihrem Leben, die Sie schon gemeistert haben. Was
hat Ihnen dabei geholfen? Ihre Durchsetzungsfähigkeit? Ihre Geduld?
Ihre Offenheit? Ihre Neugier? Ihre Hartnäckigkeit? Ihre Hilfsbereitschaft? Auch das hat mit einer Angewohnheit zu tun.

Nun beschäftigen Sie sich mit Ihren schlechten Angewohnheiten. Wenn
Sie einen Marathon laufen wollen, ist es eine hinderliche Angewohnheit,
wenn Sie jede Nacht zum Kühlschrank gehen. Seien Sie ehrlich zu sich
selbst und auch ein wenig kritisch mit sich. Es ist richtig und wichtig,
dass Sie das tun. Nur wenn Sie Ihre schlechten Gewohnheiten kennen,
können Sie sich von ihnen lösen.

Schreiben Sie also sechs hinderliche Angewohnheiten auf die rechte
Seite des Papiers. Nun schauen Sie sich das Blatt noch einmal an.
Links stehen sechs nützliche, rechts sechs hinderliche Gewohnheiten.
Stellen Sie sich selbst in jeder der zwölf Gewohnheiten vor. Spielen Sie
diese gewohnten Situationen in Ihrem Kopf konkret durch und beob-
achten Sie dabei Ihre Gefühle. Ob Sie sich gut oder weniger gut fühlen,
Ihre Gewohnheiten haben es wesentlich beeinflusst. Daran können Sie

prinzipiell nichts ändern. Sie können es hingegen selbst beeinflussen, welche Gewohnheiten Sie in Zukunft begleiten, denn Sie haben sie in Ihr Haus gelassen. Vergessen Sie jedoch nicht: Es ist Ihr Haus. Sie haben das Hausrecht.

Die Frage ist nun, wie gehen Sie mit Ihren schlechten Angewohnheiten um. Dafür haben Sie zwei Möglichkeiten:
Erstens können Sie Ihre schlechten Gewohnheiten akzeptieren und zu Ihren persönlichen Spezialitäten machen. Das ist in Ordnung. Niemand hat Ihnen vorzuschreiben, wie Sie zu leben haben, solange Sie keine Gesetze brechen. Seien Sie sich jedoch bewusst, was diese Entscheidung bedeutet. Es ist okay, wenn Sie nachts an den Kühlschrank gehen. Doch wenn Sie damit weitermachen, werden Sie dann in sechs Monaten einen Marathon laufen können? Seien Sie realistisch in Bezug auf Ihr Ziel.

Die zweite Möglichkeit ist auf den ersten Blick schwieriger, bringt Sie jedoch schneller zu Ihrem Ziel: Überlegen Sie, wie Sie hinderliche Gewohnheiten durch förderliche Gewohnheiten ersetzen können. Wenn Sie z.B. rauchen und damit hadern, überlegen Sie, was Sie stattdessen tun können. Rauchen ist nur eine Angewohnheit. Sie können sie austauschen, z.B. indem Sie jedes Mal, wenn Sie den Drang nach einer Zigarette spüren, zuerst darüber nachdenken, ob Sie diese nun wirklich rauchen sollen oder was Sie stattdessen tun könnten. Lassen Sie ihre Gedanken kreisen, was diese Zigarette gleich mit Ihnen und Ihrem Körper machen wird. Dass es ungesund ist, wissen wir alle. Die Herausforderung besteht darin, den Willen zu entwickeln, auf die Zigarette zu verzichten. Denn vergessen wir nicht: Ihr innerer Schweinehund ist nichts anderes als Ihre Sucht. Er hat eine enorme Energie. Er arbeitet jedoch nicht generell gegen Sie. Er tut einfach nur das, womit er konditioniert wird, also worauf Sie ihn trainieren. Trainieren Sie ihn auf den nächtlichen Gang zum Kühlschrank, wird er ihnen Hunger suggerieren. Trainieren Sie ihn auf die nächste Zigarette, wird er Ihnen einreden, Sie brauchen nun Nikotin. Fakt ist jedoch: Sie brauchen kein Nikotin. Sie brauchen auch nichts zu essen um Mitternacht. Sie haben nur Ihren inneren Schweinehund derart erzogen, damit er es Ihnen einredet. Und Sie sehen selbst, wie gut es funktioniert. Ebenso gut können Sie das jederzeit ändern. Der innere Schweinehund tut das, was Sie ihm beibringen, ob es gut ist oder schlecht.

Sie alle kennen von sich neben den hinderlichen Gewohnheiten auch die förderlichen Gewohnheiten. Es gab garantiert Zeiten, in denen Sie nicht nachts zum Kühlschrank gegangen sind oder in denen Sie nicht geraucht haben. Es gab Zeiten, in denen Ihre Gewohnheiten Ihnen zum Glücklichsein verholfen haben.

Es kann diese Zeiten jederzeit wieder geben. Wenn Sie wüssten, was Sie können!

Wie war es damals? Erinnern Sie sich. Freuen Sie sich. Denn wenn Sie sich erinnern, sehen Sie: Sie können es. Und Sie wissen, dass Sie es können. Das ist doch ein Grund zur Freude.

Mit jeder hinderlichen Handlung, die Sie bleiben lassen – und sei sie noch so klein - konditionieren Sie sich neu. Schritt für Schritt. Mit jedem Mal ein bisschen mehr.

Wenn Sie wüssten, wie gut das funktioniert, wenn Sie es wirklich wollen. Mit der Zeit wollen Sie gar nicht mehr anders. Sie werden sehen!

Kapitel 11

Power & Personality
Von der passenden Mischung aus Kompetenz und Persönlichkeit

„Es nützt dir nichts, einen zu holen, der bei Bravo Sport auf der Sei-te eins steht. Wir wollen einen, der beim Kicker auf Seite eins steht."

(Uli Hoeneß über David Beckham)

Zum Ende der Saison 2012/13 hat der größte Popstar des Fußballs seine Karriere beendet. David Beckham war wahrscheinlich noch öfter in Lifestyle- und Modemagazinen als auf dem Fußballplatz zu sehen. Damit hat Beckham einen großen Anteil dafür geleistet, dass Fußball in den letzten zehn Jahren auch bei Frauen immer beliebter wurde. Nicht nur insofern ist seine Leistung absolut beeindruckend. Auch seine Bananenflanken und Freistöße sind heute noch legen-där. Zudem hat er in Sachen Merchandising für die Klubs für die er spielte, allen voran Real Madrid, neue Maßstäbe in Sachen Um-satz gesetzt. Vor Beckham war kein Fan bereit, für das Trikot eines Fußballspielers 100 Euro zu bezahlen. Heute sind solche Preise fast schon normal.

Insofern ist also die Frage, was bedeutet Persönlichkeit für den Erfolg und damit wären wir schon mittendrin in der thematischen Kampfzone zwischen Power und Personality.

Ein Profifußballverein ist heutzutage ein unternehmerisches Gesamtprodukt. Maßgeblich ist natürlich der Erfolg. Dieser zeigt sich vor allem durch den Gewinn von Titeln. Als 24maliger Deut-scher Meister und fünffacher Gewinner der Champions League ist der FC Bayern in Deutschland eine Ausnahmeerscheinung in Sachen Erfolg. Möglich wurde dies nicht nur durch kompetente Spieler. Dazu gehört ein über viele Jahre gewachsenes Gesamt-konzept aus Transferpolitik, Nachwuchsförderung und Marketing. Nicht zuletzt durch sein berühmt-berüchtigtes „Mir san mir"-Marketing wurden die Münchner zu einem der angesehensten und gefragtesten Vereine in ganz Europa. Sogar im fernen Ausland, z.B. in China, schauen Millionen Fans die Spiele des FC Bayern regelmäßig live im Fernsehen an. Diese Publikumswirksamkeit macht wiederum den globalen Erfolg erst möglich. Denn viele Fans bedeuten hohe Werbeeinnahmen bei TV-Übertragungen und im Merchandising. Dadurch wird die Verpflichtung teurer Spieler mit großem Namen und hoher Kompetenz wie Franck Ribéry oder Arjen Robben erst möglich. Auch Pep Guardiola wäre mit seinen 14 Titeln im Gepäck, die er mit dem FC Barcelona gewann, kaum Trainer des FC Bayern geworden, wenn er die Münchner als graue Mäuse kennen würde. Hier kam die Kompetenz eines Meistermachers zum speziellen Charisma des Münchner Ausnahmevereins.

Eine interessante Mischung gestaltete sich vor einigen Jahren auch im Ruhrpott. Da gab es einen in die Jahre gekommenen Weltklassespieler. Bei seinem langjährigen Verein, „den Königlichen", wurde er wegen verloren gegangener Kompetenz ausgemustert. Er zierte jedoch weiterhin die Titelseite spanischer Boulevardzeitungen und blieb der Traum spanischer Schwiegermütter. Dieser spanische Fußballnationalheld hieß Raúl. Sie erinnern sich. Logisch. Wer kann Raúl vergessen?

Auf der anderen Seite gab es einen deutschen Fußballverein, weitläufig berühmt für seine kämpferische Kompetenz und für seine enthusiastische Fangemeinde: Schalke 04. Wie Sie wissen, war Schalke 04 nicht unbedingt für spielerische Extraklasse und schillernde Spielerpersönlichkeiten bekannt.

In einem überraschenden Transfercoup verpflichteten der damalige Trainer Felix Magath sowie der Sportdirektor Horst Heldt plötzlich das damals 32jährige spanische Fußballidol Raúl. Viele Beobachter rieben sich die Augen und fragten sich: Was will Schalke mit Raúl und vor allem, was will Raúl bei Schalke!? Die meisten Fans waren hingegen begeistert. Dass er seine besten Jahre schon länger hinter sich hatte – was soll's – schon bei der offiziellen Begrüßung Raúls war die Veltins-Arena voll. 60.000 Schalke-Fans bestaunten und bejubelten Raúl, wie er mit dem Ball jonglierte und sein Trikot entgegen nahm. Dann gingen sie wieder nach Hause. Zufrieden. Endlich

ein Weltstar, eine Persönlichkeit des internationalen Fußballs bei
Schalke. Heldt und Magath gingen bei diesem Transfer einen anderen Weg als den der reinen Kompetenz. Dass Raúl Fußball spielen
kann, wussten alle. Jeder wusste auch, Raúl ist nicht mehr der
Schnellste. Für große Lauffreude und für kämpferische Kompetenz
war Raúl auch nicht bekannt. Und was machte Raúl? Er kämpfte
und eroberte Bälle. Er lief, soweit ihn seine alternden Beine trugen.
Nebenbei schoss er zahlreiche, oft entscheidende Tore für Schalke.

Mit Raúl fand Schalke über den viel zitierten Kampf zum Spiel. Umgekehrt fand Raúl bei Schalke über das Spiel zum Kampf. Zusammen fanden sie den Weg ins Champions-League-Halbfinale. Ob das
ohne Raúl möglich gewesen wäre, lässt sich natürlich nicht sagen.
Aber ich bin mir sicher, es war sehr nützlich, dass Raúl dabei war.
Denn hier fanden sich Persönlichkeit und Kompetenz zu einer tollen
Partnerschaft zusammen.

Sie sehen, in Sachen Kompetenz und Persönlichkeit gibt es unterschiedliche Wege, um voran zu kommen. Es kommt immer auf die
Mischung und den Zusammenhang an. Eine interessante Entwicklung hat z.B. der Ex-Bundesliga-Spieler Hans Sarpei gemacht.
Sarpei spielte insgesamt zehn Jahre in der Bundesliga. Zunächst
in Wolfsburg, dann bei Bayer Leverkusen, die letzten beiden Jahre
seiner Karriere auf Schalke. Zum Führungsspieler auf dem Platz
hat es für Sarpei nie ganz gereicht. Außerhalb des Platzes war er
wegen seiner denkwürdigen Spielanalysen und amüsanten Sprüche dafür stets ein beliebter Gesprächspartner für Journalisten.
Heute ist Hans Sarpei selbst ein gefragter Social-Media-Berater
und Meinungsmultiplikator. Er arbeitet für Vereine und Unternehmen. Bei Twitter & Co. hat er zehntausende von Fans und Follower
und gilt schon fast als Koryphäe, wenn es darum geht, im Fußball
um die Ecke zu denken. Auf jede seiner Aussagen reagieren seine
Fans direkt mit zahlreichen Likes und Kommentaren. Sarpei hat
es also verstanden, Kompetenz und Persönlichkeit in einer neuen
Karriere zu kombinieren. Damit ist er ein gutes Beispiel dafür, wie
sich persönliche Stärken in unserer modernen Kommunikationswelt
optimieren lassen.

Wenn Sie schon einmal mit dem Bereich Vertrieb zu tun hatten, wissen Sie: Fachliche Kompetenz bedeutet nicht gleichzeitig Erfolg. Sie können noch so viel technische Ahnung haben, z.B. von einer Computersoftware. Wenn Sie keine Ahnung von Menschen haben, verkaufen Sie keine einzige Software. Denn Ihr Kunde ist nicht der Computer. Ihr Kunde ist der Mensch. Er möchte emotional gepackt werden. Er möchte, dass Sie ihm Ihre Aufmerksamkeit schenken. Erst dann schenkt er Ihnen seine.

Natürlich sollte das Produkt halten, was Sie versprechen. Ansonsten wird der Kunde die Ware zurückgeben und von einer Weiterempfehlung werden Sie nur noch träumen. Erst, wenn es um die konkreten Stärken eines Produktes oder einer Dienstleistung geht, kommt die Kompetenz ins Spiel. Dann hingegen umso mehr. Mit Persönlichkeit alleine bringen Sie weder eine Software ans Laufen noch gewinnen Sie Fußballspiele. Dafür öffnet Ihr Charisma Ihnen die Türen, um Ihre Kompetenz beweisen zu können.

Für ein wirkungsvolles Zusammenspiel aus Kompetenz und Persönlichkeit habe ich folgende Tipps für Sie:

1. Kein Mensch ist wie der andere. Respektieren sie die Persönlichkeit anderer Menschen, dann respektieren diese auch Ihre.

2. Seien Sie sich über Ihre Kompetenzen bewusst. Es schafft Klarheit, wenn Sie wissen, was Sie können.

3. Packen Sie andere Menschen an ihren Kompetenzen bzw. fordern Sie ihre Stärken heraus. Man wird Sie umso mehr zu schätzen wissen als wenn Sie auf Schwächen herumreiten.

4. Bestätigen Sie die Kompetenzen, die man von Ihnen kennt und beeindrucken Sie Andere mit Kompetenzen, die man noch nicht von Ihnen kennt (siehe Raúl).

5. Geben Sie keinen Ball verloren, solange die Luft nicht raus ist.

Kapitel 12

Zuviel ist zu viel
Über die Gefahr der Überreizung und wie Sie sie vermeiden können

„Die Spieler können so lange Ostereier suchen, wie sie wollen. Vor lauter Training werden sie keine finden."
(Felix Magath)

Felix Magath ist ein gutes Beispiel für das Phänomen des Zuviel des Guten. Oder besser gesagt: Für das Zuviel des Gleichen.

Als Spieler war Magath ein technisch versierter, umsichtiger Stratege und führte mit seinem sehenswerten Treffer 1991 den HSV zum Gewinn der Champions League (damals Europapokal der Landesmeister) in Turin. Als Trainer machte er Mitte der 1990er Jahre zunächst als Spezialist für den Abstiegskampf von sich reden. So schaffte er mit dem 1. FC Nürnberg und Eintracht Frankfurt, die sich in brenzliger Lage befanden, den Klassenerhalt.

2001 kam Magath unter ähnlichen Voraussetzungen zum VFB Stuttgart. In den Folgejahren führte der „Feuerwehrmann" den VFB zurück an die Tabellenspitze und sorgte mit den „jungen Wilden" auch international für Furore. Er gab jungen, unerfahrenen Spielern wie Kevin Kurányi, Timo Hildebrandt, Philipp Lahm, Alexandr Hleb und Andreas Hinkel eine Chance. Die Spieler nutzten sie und gaben Magath zurück, was er sich wünschte: Ihr Engagement und das Vertrauen, dass „Quälix" sie an ihre körperlichen Grenzen zu Höchstleistungen brachte.

Schon damals war Felix Magath als harter Hund bekannt. Er ließ seine Spieler gerne mit Bleiwesten bepackt Treppen hoch und runter rennen. Viele Male. Noch nach dem eigentlichen Training. Das war für ihn normal, wenn er es für richtig hielt, weil ihm die Leistung oder die Einstellung seiner Mannschaft nicht gefiel. So manchem Spieler gefiel das natürlich nicht. Aber der Erfolg gab Magath Recht. Vor allem in den letzten 15 Spielminuten drehte der VFB noch einmal richtig auf. Denn die „jungen Wilden" waren topfit. 2003 wurde Stuttgart sogar Vizemeister und Felix Magath genoss in der Schwabenmetropole höchste Anerkennung. Trotz oder auch wegen seiner fragwürdigen, jedoch erfolgreichen Trainingsmethoden.

Mit diesem Erfolg im Rücken wurde Magath der Trainerstuhl beim FC Bayern München angeboten. Er galt als große neue Trainerhoffnung, die den damals schwierigen, launischen Münchnern Disziplin und Kontinuität vermitteln könnte. Felix Magath nahm gerne Platz auf dem Stuhl in München. Mit dem entsprechenden Selbstbewusstsein vor der Brust, gewann er mit dem FC Bayern zweimal das Double in Folge. Das schaffte vor ihm kein anderer Bayern-Trainer.

Schließlich der sensationelle Erfolg mit Wolfsburg, als „die Wölfe" 2008 Deutscher Meister wurden. Der Drops war gelutscht. Magath war nun ein ausgewiesener Meistermacher. Er konnte machen, was er wollte. Er galt schon fast als unfehlbar.

Interessanterweise wurde Magaths Konzept dort zu seinem eigenen Verhängnis, wo er – gemessen an den Möglichkeiten – den größten Erfolg feierte. Nach seiner Rückkehr aus Schalke hatte er in Wolfsburg alle Freiheiten. Auch die fast schon allmächtige Entscheidungsbefugnis, sowohl in sportlicher, organisatorischer als auch in finanzieller Hinsicht. Freies Schalten und Walten gehörte zu Felix Magaths Strategie. Nur so glaubte er, seine Vision umsetzen zu können.

Im Dezember 2012 musste Felix Magath nach einer verkorksten Zeit seinen Hut nehmen. Nach 18 Monaten in Wolfsburg hatte er knapp 40 Spieler verschlissen. Keiner hat wirklich gebracht, was Magath sich von ihm versprach. Weder Spielwitz noch Einsatz, noch Loyalität. Auch das Vertrauen in das Treppenrennen schwand immer mehr. Sowohl bei den Spielern als auch im Präsidium. Statt der Überzeugung, das Ruder mit härterem Training und mehr Disziplin gemeinsam herumreißen zu können, entstand ein Klima der Angst und Ratlosigkeit. Das war zu viel des Guten. „Quälix" hatte überreizt.

Doch warum ging Magaths Schuss nach hinten los? Schließlich hatte es gute 15 Jahre lang funktioniert.

Aus meiner praktischen Arbeit mit Teams kenne ich solche Entwicklungen. Wenn es gut läuft, gilt ein Mentaltrainer oft noch als Luxus. Wenn es nicht mehr so gut läuft, wenn der Teamgeist nicht mehr stimmt, bin ich selbst eine Art „Feuerwehrmann", um das mentale Zusammenspiel der Akteure wieder ans Laufen zu bringen. Voran geht bei diesen Teams nicht selten das Phänomen der Überreizung. Die Gründe liegen oft ähnlich wie beim Beispiel von Felix Magath und dem VFL Wolfsburg:

1. In Stuttgart und in Magaths erster Wolfsburger Zeit waren seine Teams die Underdogs. In einer solchen Konstellation sind Spieler, Funktionäre und Fans offener für extreme Methoden. Manchmal muss es sogar sein. Denken Sie an das Geschäftsleben. Neue Ideen, Produkte oder Dienstleistungen müssen immer besser, innovativer oder praktikabler sein als das, was man schon kennt. Oder zumindest muss dadurch ein neuer Mehrwert entstehen. Nur so gelingt Erfolg. Niemand kauft z.B. ein neues Smartphone von geringerer Qualität als das, welches er schon hat.

2. Beim zweiten Mal kam Magath als Meistertrainer nach Wolfsburg. Dementsprechend hoch waren die Erwartungshaltungen. Von beiden Seiten an die jeweils andere. Magath erwartete uneingeschränkte Entscheidungsbefugnis. Die bekam er auch. Man wusste ja, was Magath zu leisten imstande ist. Dementsprechend hoch waren natürlich auch die Anforderungen. Und zwar kurzfristig. Als der schnelle Erfolg ausblieb, begann Magaths Konzept zu bröckeln. Wie eine Schraube, die Sie immer fester drehen. Irgendwann bricht das Gewinde.

3. Der Überraschungseffekt fehlte. Felix Magath hat seine Mannschaften immer körperlich topfit gemacht. Keine Frage. Und was tun Sie, wenn Sie wissen, dass das gegnerische Team in der letzten Viertelstunde noch einmal aufdreht? Sie stellen Ihr Team natürlich darauf ein. So verpuffte der überraschende Effekt, der Magaths Mannschaften früher auszeichnete, oft schon in der taktischen Mannschaftsbesprechung ihrer Gegner.

4. Der wesentlichste Stolperstein beim Überreizen liegt jedoch in einem selbst. Das macht ihn so tückisch und schwierig zu finden. Zumal er einen kurzen Namen hat, der gerne überhört wird: Ego.

Das Problem mit dem Ego liegt nicht darin, dass ein Konzept bislang keinen Erfolg hatte. Das Problem besteht im Gegenteil dann, wenn es schon erfolgreich war. Das macht es schwer, sich die Notwendigkeit zum Wandel einzugestehen.

Deshalb ist Offenheit und Beweglichkeit so wichtig, wenn Sie ein Ziel verfolgen, der mit anderen Menschen und deren Verhalten zu tun hat. Manchmal bedarf es auch etwas Mut, um Dinge auszuprobieren, anstatt sie direkt auszusortieren, weil sie vielleicht nicht in die bisherige Strategie passten. Dann erhalten Sie konkrete Ergebnisse und können Ihren nächsten Handlungsschritt gestalten. Basierend auf Erfahrungswerten. Nicht auf Mutmaßung oder Spekulation. Zurück zur alten Strategie können Sie immer. Denn damit kennen Sie sich aus. Das ist sogar operativer Luxus, oder!?

Sagen Sie das ruhig auch Ihren Kunden oder Kollegen, wenn es um neue Projekte geht. Damit zeigen Sie sich dynamisch, flexibel und begeisterungsfähig. Jeder qualifizierte Entscheider wird es zu schätzen wissen. Seien Sie auch flexibel und offen genug, wenn es um die Ideen anderer geht.

Die mentale Flexibilität - ohne das Ziel aus den Augen zu verlieren - ist ein wesentlicher Faktor, der erfolgreiche Menschen kennzeichnet. Dazu gehört auch eine gewisse Anpassungsfähigkeit an sich verändernde Bedingungen und die Akzeptanz der eigenen Fehlbarkeit.

Diese Art der Selbstreflektion – ohne nachhaltig ins Hadern mit sich und der Welt zu geraten – ist eine große charakterliche Stärke. In unserer modernen Leistungsgesellschaft wird diese Eigenschaft leider oft noch als Schwäche angesehen und mit mangelnder Durchsetzungsfähigkeit gleichgesetzt.

Hier beißt sich dann die sprichwörtliche Katze in den Schwanz. Ändern Sie ihre erfolgserprobte Strategie, gelten Sie als schwach und manipulierbar. Ändern Sie Ihr Konzept nicht, gelten Sie zwar als durchsetzungsstark, aber davon haben Sie nichts, wenn keiner mehr an Ihre Strategie glaubt.

Insofern habe ich hier sieben konkrete Tipps für Sie, wie die Überreizung vermeiden können:

1. Bewerten Sie in Teams Ihr eigenes Ego nicht höher als Ihr gemeinsames Ziel. Umso mehr wird man Ihnen vertrauen.

2. Betrachten Sie mit Anerkennung das, was bisher funktioniert hat. Bei Ihnen selbst und bei anderen.

3. Seien Sie offen für Veränderungen. Wenn Sie mit einem Porsche zum Bergsteigen fahren möchten, tun Sie das. Nur wie kommen Sie auf den Gipfel?

4. Schaffen Sie eine Atmosphäre des Wollens, nicht des Müssens. Durch freiwillige Motivation sind positive Ergebnisse machbarer und nachhaltiger.

5. Mehr Druck funktioniert nur, wenn das Ziel konkret greifbar ist oder kurz bevor steht. Das berühmte „Noch-einmal-alle-Kräfte-mobilisieren" wirkt über einen langen Zeitraum eher kontraproduktiv. Geben Sie sich selbst und anderen auch die Möglichkeit, durchzuatmen.

6. Seien Sie skeptisch, wenn Sie kein positives oder auch negatives Feedback mehr bekommen. Denn dann wird die Kritik hinter Ihrem Rücken ausgetauscht.

7. Wenn Sie mit Ihrem Engagement an Ihre Grenzen stoßen, gönnen Sie sich eine Pause. Auch Pep Guardiola hat sich nach seiner Zeit in Barcelona eine Auszeit genommen, bevor er nach München kann.

Kapitel 13

Die Kraft der Spontanität
Überraschung entsteht aus Unvorhersehbarem, nicht aus Vorhersehbarem

„Ich ziele nicht. Wenn ich nicht weiß, wohin der Ball geht, woher soll es dann der Torwart wissen?"

(Wayne Rooney)

Zu Beginn dieses Kapitels möchte ich mit einer Mär aus dem Profifußball aufräumen, die sich hartnäckig hält.

Stellen Sie sich folgende Situation vor: Es ist Samstagnachmittag. Der Bundesliga-Spieltag läuft auf vollen Touren. Sie schauen am Fernseher Ihrem Verein zu. Live. Einer Ihrer Lieblingsspieler hat an der linken Außenlinie den Ball, umspielt damit gekonnt zwei Gegner. Nun ist er ca. 20 Meter vor dem Tor, in halblinker Position. Und schießt. Nein, er hat nur angetäuscht. Das war clever. Denn nun hat er einen freien Weg zum Tor. Das stellt auch der Kommentator im Fernsehen fest. Sein Tonfall wird aufgeregter. Ihr Körper richtet sich auf. Sie halten den Atem an. Die Spielsituation ist ähnlich wie bei der Fußball-WM 2006 in Deutschland. Philipp Lahms 1:0 gegen Costa Rica. Nun schießt Ihr Lieblingsspieler tatsächlich. Und trifft. Allerdings nur den Kameramann, der sich schräg hinter dem Tor befindet. Ein Raunen geht durch die Menge im Stadion. Sie raunen am Fernseher mit, sinken enttäuscht auf Ihr Sofa zurück, hören dem Kommentator zu. Er berichtet von der tollen Aktion des Spielers, aber dass er leider nicht genau „gezielt" hätte.

Da sind wir bei dieser Fußballlegende des Zielens in einer dynamischen Spielsituation, wo es um Sekundenbruchteile geht. Es ist völlig anders als bei einem ruhenden Ball wie beim Elfmeter oder beim Freistoß. Da legt der Freistoßspezialist den Ball hin, geht zurück und zielt. Mehrere Sekunden lang. Manche Profis machen ein richtiges Ritual daraus wie z.B. Ronaldo. Da hat man den Eindruck, wenn er nicht genau viereinhalb Schritte Anlauf nimmt, trifft er den

Ball nicht. In dieser ruhenden Situation gehört das bewusste Zielen dazu. Es ist entscheidend für brillante Freistöße. Aber da hat der Spieler auch die Zeit dafür. Beim Schuss aus der Situation heraus muss der Spieler unmittelbar entscheiden. Er hat keine Gelegenheit zu überlegen und zu zielen.

Interessanterweise hat Mehmet Scholl dieses Thema schon einmal angesprochen als er Studiogast bei einem Länderspiel gewesen ist. Scholl war als Spieler bekannt dafür, dass er zu Geistesblitzen aus dem Spiel heraus fähig ist. Im Gespräch mit ARD-Moderator Reinhold Beckmann betonte er ausdrücklich, dass er in solchen Szenen jedoch nicht wirklich zielen konnte. Seine Schüsse, Flanken und Pässe passierten überwiegend spontan und intuitiv aus der Situation heraus. Es ist unbewusste Kompetenz (siehe Kapitel 3), kein bewusstes Zielen.

Stellen Sie sich einmal folgende Situation vor: Sie planen gerade, wie jede Woche zum Fußballspielen mit Bekannten zu gehen. So wie Sie es jede Woche machen. Darauf freuen Sie sich jedes Mal. Es hält Sie fit und danach haben Sie noch gute Gespräche mit Ihren Bekannten bei einem Bier. Genau in dem Moment, wo Sie Ihre gepackte Sporttasche in die Hand nehmen und los wollen, klingelt das Telefon. Sie überlegen kurz, ob Sie überhaupt rangehen. Denn Sie sind spät dran. Da es nicht aufhört zu klingeln, nehmen Sie den Hörer ab. Am Apparat ist ein alter Freund, den Sie schon viele Jahre nicht mehr gesehen haben. Er ist gerade aus beruflichen Gründen in Ihrer Stadt und schlägt vor, an diesem Abend gemeinsam essen zu gehen. Morgen reist er schon wieder ab. Also ist heute Abend die einzige Gelegenheit, sich zu treffen.

Wie entscheiden Sie sich? Handeln Sie konsequent nach Plan? Das würde bedeuten, Sie gingen nicht gemeinsam essen, sondern Fußballspielen. So wie Sie es um diese Zeit an diesem Tag immer tun.

Oder nutzen Sie diese einmalige Gelegenheit, um Ihren alten Freund zu treffen? Um auf gemeinsame alte Zeiten anzustoßen. Vielleicht sogar, um neue gemeinsame Zeiten auszurufen.

Probieren Sie einmal, sich in diese Situation hinein zu denken. Ihr alter Freund auf der einen Seite. Ihre Fußballbekannten auf der anderen Seite. Sie müssten heute ohne Sie spielen, wenn Sie Ihren alten Freund treffen. Und er müsste ohne Sie den Abend verbringen, wenn Sie Fußballspielen gehen. Es würde vielleicht ein paar Jahren dauern, bis sich wieder einmal eine solche Gelegenheit ergibt.

Wie Sie sich auch entscheiden, meine Empfehlung für diesen Fall ist: Entscheiden Sie intuitiv. Nach Ihrem Gefühl. Entscheiden Sie sich so, wie Sie es in diesem Moment möchten. Ein schlechtes Gewissen brauchen Sie in keinem Fall haben. Denn Sie können nichts dafür, dass Ihr alter Freund ausgerechnet heute in der Stadt ist. Auf der anderen Seite ist Fußball ein Mannschaftspiel. Da wird es nicht elementar sein, wenn Sie dieses eine Mal fehlen. Es sei denn, Sie hätten etwas Konkretes geplant, z.B. ein Spiel gegen eine andere Mannschaft oder anschließend eine Besprechung mit Ihren Bekannten, wo Sie dringend benötigt werden.

Eine spontane Entscheidung spiegelt auf jeden Fall Ihren eigenen Willen wider und nicht den Ihres alten Freundes oder den Ihrer Fußballkollegen. Es spiegelt in diesem Moment einfach Ihre Gefühlslage wider und macht Sie authentisch.

Wenn Sie eine solche Entscheidung ganz elegant lösen wollen, überzeugen Sie doch Ihren Freund davon, dass er mitkommt zum Fußball. Anschließend können Sie ja immer noch ein Bier mit ihm trinken gehen.

Um der Spontanität mehr Raum in Ihrem Leben zu bieten – ohne dabei etwas anderes zu verlieren – habe ich 5 Tipps für Sie:

1. Stellen Sie sich Situationen vor, in denen Sie sich befinden. Lassen Sie in Ihrem Kopf etwas positiv Überraschendes passieren, auf das Sie spontan reagieren. Fühlen Sie dabei in sich hinein. Damit schärfen Sie Ihre Intuition.

2. Wenn eine überraschende Situation eintritt und Sie entscheiden sich nicht so, wie Sie sich das gewünscht hätten, hadern Sie nicht mit sich. Es gibt keine falschen Entscheidungen. Es gibt nur direkte Wege und Umwege.

3. Lassen Sie in Ihrem Terminkalender Raum für Spontanität. Idealerweise 20 Prozent Ihrer Zeit. Nutzen Sie diese spontan.

4. Treffen Sie manche Entscheidungen bewusst „aus dem Bauch heraus." Damit werden Sie sich Ihrer Emotionen bewusst und geben Ihrer Intuition den Raum, den sie braucht.

5. Halten Sie sich im Hinterkopf immer Ihr langfristiges Ziel vor Augen. Aber lassen Sie sich ruhig einmal spontan mitreißen. So kann sogar ein sogenannter Flow entstehen, der sie Ihrem Ziel näher bringt.

Kapitel 14

Im Flow sein
Wie Sie es schaffen, in einen positiven Lauf zu geraten und darin zu bleiben

„Nein, liebe Zuschauer, das ist keine Zeitlupe, der läuft wirklich so langsam."
(Werner Hansch)

In diesem Kapitel geht es um ein Phänomen, das Flow genannt wird.

Flow ist keine Technik und keine Taktik. Flow ist ein Zustand. Wenn Sie im Flow sind, spielen Ihr Wollen, Ihr Fühlen und Ihr Denken zusammen. Weder Zeit spielt eine große Rolle, noch Sie selbst, noch die Dinge, die Sie sonst beschäftigen. Die Dinge, die Sie anpacken, gelingen Ihnen leicht und beschwingt. Sie sind eins mit sich selbst und zufrieden mit den Dingen. Sie freuen sich sogar über einen Vogel, der vorüber fliegt oder über Blumen am Straßenrand. Einfach so.

Bevor ich näher auf dieses wohltuende Phänomen eingehe – und vor allem darauf, wie Sie ihm begegnen können – möchte ich beschreiben, wie sich der Flow im Fußball zeigt.

Wen der legendäre Radioreporter Werner Hansch mit seinem Spruch gemeint hat, ist mir nicht bekannt. Vielleicht ist es auch besser so. Wer will schon als laufende Zeitlupe in die Fußballgeschichte eingehen!?

Attraktiver ist natürlich die Berühmtheit durch positive Leistungen. Schnelligkeit ist z.B. ein starker Gradmesser. Der Portugiese Ronaldo ist dafür ein bekanntes Beispiel. Auch Reaktionsschnelligkeit, die Oliver Kahn berühmt gemacht hat. Oder eine herausragende Technik, starke Spielübersicht, enormer Kampfgeist und selbstverständlich viele Tore.

Einen Goalgetter nimmt man sich gern als Beispiel, z.B. Messi, Ibrahimovč oder den ehemaligen Wundermittelstürmer Gerd Müller. Er ist durch seine unglaublich wendige und flinke Art, Tore wie am Fließband zu schießen, zur Legende geworden.

Mit dem Thema Flow kennen sich alle Stürmer aus. Sehr anschaulich verkörpert es das körperliche Gegenteil von Gerd Müller: Mario Gómez. Den groß gewachsenen Bayern-Stürmer kennen wir nur in drei Varianten: Entweder er ist verletzt oder es läuft nichts bei ihm zusammen oder er trifft „nach Belieben" (wie Kommentatoren gerne sagen).

Wenn Gómez in Form ist, schießt er tatsächlich Tore mit links. Egal aus welcher Entfernung, ob mit dem rechten Fuß, mit dem Kopf oder mit dem Knie. Er beeindruckt mit wundersamer Selbstverständlichkeit. Dann befindet er sich in einem positiven Flow. Dann passieren die Dinge einfach. Ohne groß drüber nachzudenken.

Diese Handlungssicherheit kann Gómez jedoch nur haben, wenn er sich körperlich fit, psychisch aufgeräumt und von seiner Umwelt anerkannt fühlt. Denn vergessen wir nicht: Wir kennen den Nationalstürmer auch ganz anders. Man erkennt es schon an seinen Körperbewegungen. Sie sind hölzern. Lange nicht so geschmeidig wie wenn er in Form ist. Bei seinen ersten Länderspielen und während der EM 2008 in Portugal wurde er sogar zeitweilig zur Lachnummer der Fußballnation. Er war voll im Anti-Flow. Er lief gewissermaßen herum wie Falschgeld. Und das, obwohl Gómez in der gerade abgelaufenen Saison Torschützenkönig geworden war. Alle fragten sich: Wie kann das passieren, dass dieser schwäbische Nachwuchsknipser den Ball nicht mehr trifft? Wie kann er aus 50cm am leeren Tor vorbei schießen? Manche sprachen sogar von fußballerischem Landesverrat. Schließlich schien es aus rationaler Sicht tatsächlich schwieriger, das Tor nicht zu treffen als es zu treffen.

Die Antwort hat mit dem Flow zu tun, den Gómez in dieser Zeit nicht erreichen konnte. Mit seinen grundsätzlichen Fähigkeiten hatte das nur bedingt zu tun. Er war vor allem mit der Situation überfordert. Zu hoch war der Erwartungsdruck von außen, aber auch sein eigener an sich selbst. Er wollte als Nationalspieler natürlich gerne direkt so leichtfüßig treffen wie in der Bundesliga. Doch so einfach ist es eben nicht.

Denn vergessen wir nicht: Seine Mitspieler, damals noch beim VFB Stuttgart, kannte er. Und sie kannten ihn. Sie kannten seine Torjäger-qualitäten, seine Laufwege, aber auch seine manchmal verletzliche Psyche. Es war eine vertraute Situation, in der sich Gómez optimal entfalten und in einen Lauf geraten konnte. Im Nationalteam war er neu. Er kannte kaum jemanden. Kaum jemand kannte ihn.

Mannschaftskameraden müssen sich genauso wie Arbeitskollegen zunächst kennenlernen und miteinander vertraut machen. Erst dann kann ein Zusammenspiel wie gewünscht funktionieren. Das hat wenig mit Eitelkeiten oder menschlichen Schwächen zu tun. Das liegt in der Natur der Dinge. Flow basiert auf gegenseitigem Vertrauen.

Mario Gómez beherrscht also den Flow genauso wie den Anti-Flow bzw. sie beherrschen ihn – je nach dem. Deshalb ist Gómez so ein gutes Beispiel für das Phänomen, im Fluss zu sein. Vielleicht kennen Sie es ja auch schon von sich selbst. Dann wissen Sie: Flow ist ein wunderbares Gefühl und bringt Sie weit nach vorne in die Richtung Ihres Ziels.

Neben einem klaren Ziel und einem starken Willen, sein Ziel zu erreichen, ist der Flow ein weiteres Merkmal mentaler Stärke. Oder eben auch mentaler Schwäche, wenn der Flow nicht stimmt. Dann erleben Sie das, was im Fußball gerne sinngemäß mit den Worten kommentiert wird: „Wir konnten unsere Leistungsfähigkeit leider nicht abrufen."

Wie Sie einen Flow geraten und darin bleiben können, will ich Ihnen nun beschreiben. Dafür möchte ich zunächst etwas ausholen und in der Zeit zurückspringen. Denn das Flow-Prinzip hat in den 1970er Jahren der amerikanische Psychologie-Professor Mihály Csíkszent-mihályi erforscht und derart benannt. Das tatsächliche Gefühl, im Flow zu sein, ist ähnlich unaussprechlich wie der Name des legendären Professors. Ein Flow-Erlebnis lässt sich nur vorher, hinterher oder von außen beschreiben.

Stellen Sie sich Mario Gómez vor wie er mit dem Ball am Fuß einen Gegner umspielt und aufs Tor abzieht. Würde ihn in diesem Moment jemand fragen, was er gerade macht, er könnte gar nicht antworten. Zu sehr ist er in sein Tun vertieft. Er hat keinen gedanklichen Spielraum, um in diesem Moment auf eine Frage zu antworten. Höchstens hinterher.

Oder stellen Sie sich selbst in einer Situation vor, in die Sie vertieft sind, die Sie von sich selbst kennen oder kennen möchten. Eine Situation, die mit dem Erreichen Ihres Ziels zu tun hat. Mit einem begeisterten Kunden im Gespräch. Oder während einer überzeugenden Präsentation auf der Bühne. Oder mit Ihrem Traumpartner auf Wolke Sieben.

Wie würden Sie reagieren, wenn in dieser Situation plötzlich jemand neben Ihnen steht und Sie fragt, was Sie gerade tun? Und vor allem: Würden Sie lange überlegen, bevor Sie antworten? Dann wären Sie nicht im Flow. Wenn Sie im Flow sind, kommt Ihre Antwort spontan wie aus der Pistole geschossen. Oder Sie reagieren gar nicht, weil Sie in Ihr Handeln vertieft sind. Dann sind Sie im Flow und genau deshalb wird Ihr Tun gelingen. Wahrscheinlich in beeindruckender Weise. Weil sie es impulsiv tun. Weil Sie aus sich selbst heraus handeln. Ohne zu zweifeln, abzuwägen und lange über Details nachzudenken. Dann tun Sie, was Sie sind. Und deshalb sind Sie, was Sie tun.

In seiner langjährigen Forschung konnte Mihály Csíkszentmihályi über den Flow-Zustand folgende Voraussetzungen herausfinden:

1. Die Aktivität hat klare Ziele. Idealerweise gibt es direkte Rückmeldung bzw. Feedback auf das, was man tut.

2. Es besteht die Fähigkeit, sich auf das Handeln zu konzentrieren.

3. Die Anforderungen und Fähigkeiten sind ausgewogen. Dadurch bestehen weder Langeweile noch Überforderung.

Interessanterweise funktioniert das Flow-Prinzip nicht nur auf individueller, sondern auch auf Mannschafts- und Gruppenebene. Im Fußball haben dann die Teams „einen Lauf", wie man so schön sagt.

Zu den individuellen Fähigkeiten gibt es von den Kameraden entsprechend positives Feedback, woraus in der Mannschaft neue Fähigkeiten erwachsen, die höheren Anforderungen gerecht werden.

Sie merken es, wenn eine Mannschaft im Flow ist. Dann kommen die Pässe an, dann stimmt die Raumaufteilung. Vor allem stimmt auch die Stabilität. Nach einem Gegentor macht sie konzentriert weiter. Das unterscheidet Spitzenteams von durchschnittlichen Teams und Spitzenfußballer von durchschnittlichen Spielern.

Wie ein Flow auf Teamebene funktioniert, haben in den vergangenen Jahren sowohl der FC Bayern München als auch Borussia Dortmund eindrucksvoll demonstriert. Die Münchner waren fast die komplette Spielzeit 2013/14 sehr konzentriert. Ohne dabei zu verkrampfen oder sich von negativen Entwicklungen im Vereinsumfeld aus der Ruhe bringen zu lassen. Sogar als der Gerichtsprozess gegen Uli Hoeneß stattfand und Ihr damaliger Vereinspräsident zu einer Haftstrafe verurteilt wurde, zeigten die Münchner auf dem Platz weiterhin eindrucksvolle Leistungen. Das kannte man aus München bisher anders. Wenn es im Umfeld nicht stimmte, sorgte das auch im Fußballteam meistens für Irritationen. Die Spieler schafften es dennoch, im Flow zu bleiben und sich auf das Hier und Jetzt im Stadion zu konzentrieren.

Auch im Alltags- und Berufsleben können Sie erkennen, ob sich eine Gruppe im Flow befindet. In Meetings mit anderen Unternehmen merken Sie bei kritischen Fragen schnell an der Reaktion dieses Teams, ob dort die Fähigkeiten zu den Erwartungen passen. Testen Sie es einmal. Es ist aufschlussreich.

Im optimalen Flow zu sein, ist jedoch eher eine ideale Ausnahme anstatt ein Normalzustand. Es ist wie im Fußball. Einen Lauf zu haben, ist wunderbar, nur eben nicht jederzeit möglich.
Umso schöner, wenn er erreicht werden kann.

Wenn Sie im Flow sind, werden Sie nicht nur erfolgreich. Sie SIND es bereits, weil Ihr Wollen, Denken und Handeln zusammenspielen. Dann sind Sie präsent im Hier und Jetzt. Sie lassen sich nicht ablenken. Sie konzentrieren sich auf das, was Sie können. Was Sie nicht können, ist in diesem Moment völlig egal. Weil Sie sich gar keine Gedanken darüber machen. Damit gewinnen Sie bereits im Kopf, während andere noch darüber nachdenken, wie Sie das machen.

Hier sind acht konkrete Tipps, wie Sie in Ihren persönlichen Flow geraten und sich mit ihm bewegen können:

1. Definieren Sie Ihre Fähigkeiten. Was können Sie? Was wollen Sie? Was müssen Sie? Am besten schreiben Sie diese Punkte auf. Damit lernen Sie sich selbst besser kennen.

2. Werden Sie sich über die Anforderungen bewusst und seien Sie dabei realistisch. Sie können nicht gleichzeitig eine Familie gründen, einen Weltkonzern leiten und Papst werden. Auch wenn Sie dafür alle notwendigen Fähigkeiten entwickeln sollten, Sie haben gar keine Zeit dafür.

3. Stellen Sie sich in Ihrem Denken eine gesunde Balance zwischen Ihren Fähigkeiten und den Anforderungen vor. Dann werden Sie ihren Flow erreichen bzw. er Sie. Wie das Drehbuch für einen Film, bei dem Sie selbst Hauptdarsteller und Regisseur sind.

4. Seien Sie ehrlich mit sich selbst und gegenüber anderen. Indem Sie sich auch Ihre Hemmnisse bewusst machen, nehmen Sie ihnen die negative Energie.

5. Seien Sie geduldig mit sich, aber nicht faul. Denken Sie an Mario Gómez. Schießen Sie ruhig aus 50cm am leeren Tor vorbei. Auch zweimal. Aber schießen Sie. Nur wenn Sie es tun, geraten Sie in einen Flow und irgendwann treffen Sie „nach Belieben."
6. Beobachten Sie sich ab und zu selbst. Sind Sie präsent in dem, was Sie tun? Dann haben Sie eine hohe Konzentrationsfähigkeit und damit gute Voraussetzungen für Ihren Flow.

7. Wenn Sie im Flow sind – keine Sorge, das spüren Sie – machen Sie einfach weiter. Heben Sie nicht ab, und wenn doch, bleiben Sie selbstkritisch. Sie sind nur ein Mensch. Nicht Superman.

8. Hören Sie auf Ihre Freunde. Vor dem Flow, im Flow und nach dem Flow. Sie sind das Beste, was Sie haben.

Kapitel 15

Bleiben Sie optimistisch
Warum Sieger gewinnen, auch wenn sie verlieren

„Ich bin Optimist. Sogar meine Blutgruppe ist positiv."
(Toni Polster)

Als wahren Optimisten kennen viele von uns noch den Österreicher Toni Polster. Als Nationalspieler und als Bundesligaspieler für den 1. FC Köln war der Linksfuß berühmt für seine Dribblings und für seinen präzisen Schuss. Geradezu legendär wurde er hingegen durch seine amüsanten Sprüche und dafür, dass ihn kein Wässerchen trüben konnte. Nicht einmal bei einer Niederlage.

Aus dem Fußball kennen wir noch weitere wahrhaft optimistische Persönlichkeiten. Angefangen vom langjährigen Trainer Hans Meyer bis hin zu aktuellen Spielern wie Thomas Müller vom FC Bayern München.

Daneben sind uns von der „schönsten Nebensache der Welt" auch andere Persönlichkeitstypen bekannt. Im Grunde sind im Fußball alle Naturen vertreten, vom Griesgram über den Zyniker, den Luftikus, den Scherzkeks, bis hin zum Kumpel und zum Vatertyp.

Wie Fußballer auch nach außen wirken mögen, ihr Auftreten alleine entscheidet noch nicht über Erfolg und Misserfolg. Entscheidend ist, was mental in ihnen vor sich geht und wie sie es schaffen, ihre innerlichen Fähigkeiten ins tatsächliche Tun umzusetzen.

Im alltäglichen Leben ist es genauso. Innerlicher Optimismus zeigt sich nicht unbedingt immer an der kommunikativen Oberfläche. Durch meine langjährige Arbeit mit Sportlern und anderen Persönlichkeiten kann ich jedoch mit bestem Wissen und Gewissen feststellen: Optimismus hilft. Er ist ein wirkungsvoller Begleiter zu Ihrem Ziel.

Um einen nützlichen Optimismus entwickeln zu können, möchte ich zunächst beleuchten, was Optimismus im Alltag bedeutet. Daneben will ich kurz ein Auge auf andere Denkweisen werfen.

Optimismus nennen wir eine lebensbejahende, eher heitere Grundhaltung dem Leben gegenüber. Mit all seinen Ecken, Kanten und Facetten. Im Gegensatz dazu kennen wir den Pessimismus als hadernde und nölige Lebenseinstellung.

Neben diesen beiden Haltungen gibt es noch diverse weitere wie z.B. den Nihilismus. In dieser Lebensanschauung geht es darum, alles abzulehnen, was existiert. Erkenntnisse, Werte, Erfahrungen. Mir hat mal jemand gesagt, mit Nihilisten sei nicht gut Kirschen essen. Da frage ich mich spontan: Wie auch? Im Nihilismus gibt es doch konsequenterweise gar keine Kirschen.

Damit sind wir bei einer weiteren Lebenseinstellung, mit der Sie als Ausgangsbasis für Ihr Denken und Handeln gut aufgestellt sind: Dem gesunden Realismus. Diese Haltung bedeutet vor allem zwei wesentliche Dinge, die sich auf den Faktor Zeit beziehen:

1. Die Ereignisse der Vergangenheit sind nicht zu ändern. Wohl jedoch ihre Bewertung.

2. Die Ereignisse der Zukunft sind offen. Es liegt an Ihnen, ob Sie sich darauf freuen oder davor ängstigen.

Die Frage ist, wie Sie Ihre Vergangenheit und Ihre Zukunft im Hier und Jetzt in Ihr Leben lassen. Emotional und mental. Je nachdem entwickeln Sie eine eher optimistische oder eine eher pessimistische Lebenseinstellung.

Sie kennen ja das berühmte Glas mit Wasser. Für den Optimisten ist es halb voll. Für den Pessimisten ist es halb leer. Der Optimist sieht, was noch da ist. Der Pessimist sieht, was schon weg ist. Der Realist fragt sich: Was ist im Glas?

An diesem berühmten Beispiel sehen Sie immer noch gut, wie unterschiedlich sich die Dinge betrachten lassen. Pessimisten hadern lieber. Wer lange genug sucht, findet in jeder Suppe das viel zitierte Haar. Und wenn er selbst eins reinlegen muss.

Optimistischer Realismus bedeutet hingegen: In unserer Welt werden täglich milliardenfach Mahlzeiten zubereitet und die meisten Köche haben Haare am Kopf. Da kann es schon einmal vorkommen, dass sich ein Haar in eine Suppe verirrt. Man kann ja auch eine andere Suppe essen bzw. sich um eine neue kümmern.

Genauso ist es im übertragenen Sinne bei den Suppen unseres Alltags und im Berufsleben. Fehler passieren. Menschen sind keine Maschinen. Und das ist auch gut so. Sonst würden Sie nicht zum Arzt gehen, wenn Ihnen etwas fehlt. Sondern zum Maschinenschlosser, der Sie mit einem Schweißgerät empfängt.

Ein Optimist sieht in den Suppen unseres Lebens vor allem die Suppe, auch wenn ein Haar darin schwimmt. Gleichzeitig weiß er es zu schätzen, dass er schon viele Suppen ohne Haare bekam. Und dass es nächstes Mal auch wieder so sein wird. Das Haar ist für ihn nur eine kurze, temporäre Niederlage. Möglicherweise geht er sogar noch zum Koch und schenkt ihm auf charmante, diskrete Art 20 Euro für den Friseur oder für eine Haube. Damit kann er sich sicher sein, dass er in diesem Restaurant in Erinnerung bleiben wird. Irgendwann wird es ihm nützen. So wird das halb volle Glas automatisch voller.

In Sachen Optimismus möchte ich Ihnen kurz von einer Begegnung mit Holger Stanislawski berichten. Es war vor dem siebten Spieltag der Zweitligasaison 2012/13. Ich war mit dem Flugzeug auf dem Weg nach Berlin zu einem Kongress. In der gleichen Maschine saß die Mannschaft des 1. FC Köln in den Reihen vor mir.

Da ich mich viel mit Sportpsychologie beschäftige, war ich natürlich ein aufmerksamer Beobachter, wie sich die Mannschaft im Flieger verhält. Denn der 1. FC Köln stieg gerade erst aus der Bundesliga ab und hing nach verpatztem Start in der zweiten Liga direkt im Tabellenkeller. Die Spieler sprachen im Flieger nicht viel. Sie schienen mir ruhig und gelassen, teilweise auch amüsiert, als sie sich miteinander unterhielten. Um die anderen Passagiere kümmerten sie sich nicht groß. Obwohl das Flugzeug voll mit Kölnern war. Mit Arroganz hatte das nichts zu tun. Auch nicht mit Scham, weil der große FC schon wieder am Tabellenende herumkrebste. Nein, da war Konzentration aufs Wesentliche zu spüren. Am nächsten Tag gegen Union Berlin auf den Platz zu gehen – und zu gewinnen.

Nach der Landung unterhielt ich mich bei der Gepäckausgabe und auf dem Weg zum Mannschaftsbus mit Holger Stanislawski. Ins Gespräch kamen wir, als ich ihn leicht provokativ fragte, ob Köln morgen gewinnen würde. Er lachte kurz, meinte dann mit Ruhe und Bedacht, dass er nicht wissen würde, wer morgen gewinnt. Aber wenn es nicht der 1. FC Köln wäre, dann mit Sicherheit ein anderes Mal wieder.

Anschließend erzählte er mir, dass sich seine Jungs „voll reinhängen" würden, er sich den Schwächen und Stärken des Teams bewusst sei und dass sie glücklicherweise in Ruhe am Erfolg arbeiten könnten. Dabei zwinkerte er mir zu. Ich wusste, was er meinte. Es gibt kaum etwas Kontraproduktiveres als eine zu hohe Erwartungshaltung von Außenstehenden. Im Fußball ist das teilweise extrem. In Köln sprechen manche sogar vom 1. FC Köln als größtem Karnevalsverein in der Rheinmetropole. So bunt ging das dort schon zu.

Vor dem Mannschaftsbus verabschiedeten wir uns. Ich wünschte Holger Stanislawski viel Erfolg und war beeindruckt von seiner klaren Sicht der Dinge. Er wusste und spürte: In der Mannschaft stimmt die Einstellung. Sie hat den Willen zum Erfolg und tut dafür alles Notwendige und Mögliche. Und er als Trainer ist sich nicht zu schade als lebende Knautschzone zwischen seinem Team, den Funktionären und den Fans. Das ist für mich realistischer, bedachter und gelebter Optimismus. Im Laufe der Saison schaffte es der 1. FC Köln noch auf Platz 4 und verfehlte den Relegationsplatz um den Aufstieg nur knapp. Für Holger Stanislawski war es nicht genug. Er verließ Köln zum Saisonende 2012/13.

Zur vergangenen Saison kam der Österreicher Peter Stöger als Trainer nach Köln. Mit einer eindrucksvollen Gesamtleistung schaffte der FC schon an Ostern den Wiederaufstieg in die Bundesliga. Vom Trainertypus her ist Stöger ein anderer Charakter als Stanislawski. Auch sein taktisches Konzept unterscheidet sich in diversen Belangen. Dennoch wage ich zu behaupten, dass Holger Stanislawski in der Vorsaison einen wichtigen Grundstein zum diesjährigen Wiederaufstieg des 1. FC Köln gelegt hat. Denn er hat dafür gesorgt, dass im Verein die viel zitierte

„Ruhe einkehrt", dass weder nach einer Niederlage plötzlich Panik ausbricht noch dass nach zwei Siegen schon von der Champions League gesprochen wird. Mit diesen belastbaren Rahmenbedingungen konnte Peter Stöger seine Mannschaft umso besser zu stabilen Leistungen bringen.

Erfolg kommt nicht immer genau dann, wenn man ihn will. Er bedeutet auch die Fähigkeit zur Geduld. Aber mit einer optimistischen Einstellung und einem starken, nachhaltigen Engagement kommt er garantiert.

Insofern schlage ich Ihnen für eine optimistische Lebenseinstellung Folgendes vor:

1. Leben Sie nicht in der Vergangenheit. Wenn Sie etwas an Ihrer heutigen Sicht ändern können, tun Sie es. Wenn Sie sich mit jemandem aussprechen wollen, tun Sie es. Wenn Sie etwas gut machen wollen, tun Sie es. Wenn Sie Rachegedanken haben, fragen Sie sich, was Sie selbst dazu beigetragen haben, dass es dazu kommen konnte. Diese Gedanken nehmen unnötigen Raum in Ihrem Denken ein. Diesen Platz brauchen Sie für das Hier und Jetzt.

2. Seien Sie realistisch mit sich und der Welt. Halten Sie sich vor Augen, was Sie sind und was Sie können.

3. Akzeptieren Sie das, was Sie noch nicht sind und vielleicht noch nicht können. Nur einer hat die Initiative in der Hand, dies zu ändern: SIE.

4. Nehmen Sie sich ernst, jedoch nicht allzu wichtig. Mit Geduld gewinnen Optimisten, auch wenn sie verlieren. Weil sie daraus lernen, es beim nächsten Mal besser zu machen.

5. Werden Sie sich Ihrer Emotionen und Motivationen bewusst. Wenn Sie wissen, wofür Sie etwas tun, fällt es umso leichter, es zu tun, auch wenn es vielleicht nicht auf Anhieb gelingt.

6. Erkennen Sie die Ironie des Lebens. Hadern Sie nicht. Wundern Sie sich. Amüsieren Sie sich. Genießen Sie Ihr Leben.

Kapitel 16

Flach spielen, hoch gewinnen
Warum es besser ist, die Bodenhaftung nicht zu verlieren

„Der Martin hat eine Pause und einen Tritt gebraucht."

(Bruno Labbadia über ‚Überflieger' Martin Harnik)

Im letzten Herbst war ich aus beruflichen Gründen in Stuttgart. Dort hielt ich ein Seminar. In der Pause kam ich mit einem Kunden ins Gespräch. Einstiegsthema unseres Gesprächs war – wie konnte es kaum anders sein – Fußball. Der Mann, ca. Mitte 40, entpuppte sich als langjähriger Fan des VFB Stuttgart.

Als er vom Zustand „seines" VFB zu sprechen kam, erwähnte er immer wieder den Namen Martin Harnik. Als ich ihn darauf ansprach, meinte er, dass Harnik geradezu sinnbildlich für die Unberechenbarkeit des VFB Stuttgart stehen würde. Tatsächlich ist bei den Stuttgartern stets mit allem zu rechnen. Ebenso bei Martin Harnik.

Harnik ist als Fußballer vorwiegend aus drei Gründen bekannt:
1. Er bringt fast in jedem Spiel für den VFB Stuttgart die größte Laufleistung.
2. Er schießt sogenannte unmögliche Tore, z.B. aus äußerst spitzem Winkel.
3. Er verstolpert unmögliche Bälle oder vergibt hundertprozentige Torchancen.

Als Bruno Labbadia, der damalige Trainer des VFB Stuttgart, den o.g. Spruch zum Besten gab, hatte Martin Harnik kurz zuvor für den VFB Stuttgart sieben Tore in drei Spielen geschossen. Er war der Mann der Stunde bei den Schwaben. Dementsprechend großspurig trat er im Training auf. Das ist ihm zu gönnen. Die andere Seite der Medaille war nur: Je mehr er abhob, desto schlechter wurden nicht nur seine Leistungen, sondern auch die der ganzen Mannschaft. Den anschießenden Absturz des VFB in die Abstiegszone haben wir mitbekommen.

Als ich meinem Seminarteilnehmer gegenüber die Aussage Labbadias erwähnte, begann er spontan mit den Augen zu rollen und nickte. „Genau das ist es", meinte er, „wenn der Harnik zwei Tore hintereinander macht, meint er direkt, er sei der schwäbische Messi und danach trifft er keinen Ball mehr."

Daraufhin bedankte ich mich für das Gespräch. Unseren weiteren Austausch mussten wir vertagen. Denn das Seminar ging weiter. Ich kann ja nicht mit einem Teilnehmer ein Privatgespräch über Fußball führen und währenddessen meine anderen Kunden warten lassen. Jedenfalls war dieses Gespräch ein schönes Beispiel für das Thema Bodenhaftung.

Stellen Sie sich einmal folgende Situation vor. Sie sitzen in Ihrem eigenen Kopfkino. Dort läuft ein exklusiver Film mit dem Titel: „Der erfolgreiche Fall X." Fragen Sie sich, wofür das X steht? Richtig, das sind Sie. Es ist Ihr persönlicher Film. Die Story Ihres Lebens. Darin geht es um Ihren Erfolg. Hier steht jedoch nicht die Frage im Mittelpunkt, wie Sie ihn erreichen, sondern wie Sie mit Ihrem Erfolg umgehen. Sie sind Hauptdarsteller und Betrachter zugleich.

Stellen Sie sich vor, Sie haben einen wesentlichen Meilenstein auf dem Weg zu Ihrem Ziel erreicht: Eine gut bezahlte Managerposition, ein erfolgreich umgesetztes Projekt, die Gründung einer Familie mit Ihrem Traumpartner, ein eigenes Modelabel, ein gutes Werk, das Schule macht oder einfach nur Seelenfrieden bzw. wie die Amerikaner sagen: peace of mind.

Machen Sie es sich in Ihrem Kopfkino gemütlich. Wenn Sie möchten, legen Sie die Beine hoch, knabbern Sie Popcorn. Sie sind erfolgreich. Sie haben es sich verdient. Dann visualisieren Sie sich selbst auf der Leinwand. Malen Sie sich Szenen aus, die passieren, wenn Sie etwas Wesentliches geschafft haben. Freunde, die Sie beglückwünschen. Kollegen, die Ihnen auf die Schulter klopfen. Vielleicht ein Zeitungsartikel oder ein TV-Bericht über Ihre starke Leistung. Lassen Sie Ihren Gedanken und Ihren Gefühle freien Lauf. Frei nach Ihrem eigenen Gutdünken. Es geht schließlich um Ihren Erfolg.

Nun beobachten Sie sich selbst, wie Sie als Hauptdarsteller in Ihrem eigenen Film reagieren. Wie reagieren Sie, wenn die Menschen Ihnen auf die Schulter klopfen? Genießen Sie die Anerkennung? Hoffentlich. Genuss ist etwas Wunderbares.

Empfinden Sie Genugtuung, wenn Sie einen Preis überreicht bekommen? Schauen Sie während Ihrer Dankesrede schelmisch zu jemandem, der nicht daran geglaubt hat? Warum nicht? Sie haben bewiesen, dass Sie es können. Schicken Sie ihm ruhig noch ein dankendes Lächeln hinterher. Vielleicht war seine Skepsis mit ausschlaggebend, dass Sie hartnäckig weiter gemacht haben.

Tanzen Sie wild, lassen Sie damit all die Freude heraus, die in Ihnen steckt und bisher keinen Auslauf gefunden hat? Nehmen Sie dabei Rücksicht auf Verluste oder ist es Ihnen egal, wenn Sie jemanden anrempeln, anschreien oder zu Boden treten?

Oder sind Sie ein stiller Genießer und spüren einfach eine große innere Erleichterung? Wie Franz Beckenbauer als er am 08. Juli 1990 mit einem zufriedenen, aber auch nachdenklichen Blick ganz alleine über den Rasen lief. Da war Deutschland gerade zum dritten Mal Fußballweltmeister geworden. Er war Nationaltrainer.

So verschieden unsere individuellen Ziele sind, so verschieden sind auch unsere Verhaltensweisen, wenn wir sie erreichen. Einerseits liegt das an unseren individuellen Persönlichkeiten. Sind Sie ein eher introvertierter Typ, feiern Sie wahrscheinlich grundsätzlich anders als ein extrovertierter Mensch.

Daneben hat der Umgang mit Erfolg auch damit zu tun, was wir für ihn getan haben und andererseits entbehren mussten. All die Energie, die Sie hineinstecken, all die Ängste, die Sie durchstehen, all die Zeit, die Sie aufwenden, all die blöden Sprüche, die Sie sich vielleicht anhören müssen, kommt noch einmal zum Ausdruck, wenn Sie es geschafft haben.

Wie Sie auch reagieren werden, es ist allein Ihre Sache. Sie haben schließlich viel dafür getan. Sie haben das Recht auf den Genuss.

Sie haben auch das Recht auf den Rausch. Sie haben es sich auch verdient, abzuheben, zum Überflieger zu werden und zu denken, die Welt gehört Ihnen. Niemand hat es Ihnen übel zu nehmen, wenn Sie sich Ihren Erfolg selbst erarbeitet haben.

Seien Sie sich jedoch über ein Gesetz im Zusammenhang mit Überfliegern bewusst. Es ist kein juristisches Gesetz. Eher ein Naturgesetz: Runter kommen sie alle wieder!

Als der VFB Stuttgart im Frühjahr diesen Jahres acht Mal hintereinander verloren hatte, war auch der zwischenzeitliche Trainer Thomas Schneider gescheitert. Schneider war selbst Spieler in Stuttgart und wurde als Trainer mit der B-Jugend des VFB Deutscher Meister. Dementsprechend hatte er einen gewissen Bonus bei den Funktionären und bei den Fans.

Nach acht Niederlagen in Folge zerfallen die Lorbeeren der Vergangenheit allerdings zu Staub. Da zählt nur noch das Jetzt. Das ist nicht nur im Fußball so. Vielleicht kennen Sie das auch aus Ihrem Leben, aus Ihrem Beruf oder aus Ihrer Beziehung.

Mit dem Abstiegsgespenst im Rücken musste in Stuttgart etwas passieren. Also verpflichtete Sportvorstand Fredi Bobic den Holländer Huub Stevens. Denn für die Stuttgarter galt es, den Abstieg aus der Bundesliga - den Super-GAU - unter allen Umständen zu vermeiden. Mit seiner langjährigen Erfahrung im Umgang mit Erfolg und Misserfolg schien der harte Hund Stevens hierfür als der Richtige.

Tatsächlich schaffte es Stevens, der noch nie mit einem Verein abgestiegen war, der Mannschaft wieder Stabilität und einen gewissen Optimismus zu verleihen. Eine große Hürde schaffte der VFB am 31. Spieltag. Ironischerweise, möchte man fast sagen. Denn erstens spielte Stuttgart an diesem Ostersonntag ausgerechnet gegen Schalke 04. Dort ist Huub Stevens seit seinem UEFA-Pokal-Sieg mit Schalke „Ehrentrainer auf Lebenszeit." Zweitens machte ausgerechnet Martin Harnik in diesem Match zwei tolle Tore und war der Mann des Spiels. Nun hatte der VFB Stuttgart vier Punkte Vorsprung auf den Relegationsplatz und es waren noch drei Spieltage. Das sollte doch reichen, um „drin zu bleiben." Und was machte Huub Stevens? Bestimmt freute er sich innerlich. Zumindest ein bisschen. Er verzog nach dem Spiel jedoch kaum eine Miene. Auf die Frage eines Radio-Reporters, ob er denn nach einem Sieg auch einmal lächeln würde, meinte Stevens nüchtern: „Ich lächle vielleicht einmal nach der Saison." Auch das ist eine Art, mit Erfolg umzugehen.

Wie schon in Kapitel 11 (Power & Personality) beschrieben, werden Fußballer und Fußballtrainer nicht an der Zahl ihrer Autogrammkarten gemessen. Sie werden bejubelt wegen ihrer Leistungen auf dem Platz und geachtet wegen ihrer Handlungen abseits des Platzes.

Genauso werden Sie an dem gemessen, wofür Sie engagiert wurden oder wofür Sie sich engagiert haben.

Deshalb habe ich für Ihren Umgang mit dem Erfolg folgende Tipps:

1. Verlieren Sie nicht die Bodenhaftung. Das ist nicht so spektakulär. Dafür eleganter. Daneben macht es Ihren Erfolg nachhaltiger, wenn Sie nicht von einem Extrem ins andere fallen.

2. Nehmen Sie Ihre Wegbegleiter mit. Lassen Sie die Menschen, die Ihnen wichtig sind und geholfen haben, teilhaben an Ihrem Erfolg. Sie haben es verdient. Denn sie haben an Sie geglaubt.

3. Erfolg macht sexy. Genießen Sie die Anerkennung, bewerten Sie diese jedoch nicht über. Als strahlender Sieger haben Sie plötzlich ganz viele neue Freunde. Die Frage ist nur: Wo waren diese vorher, als Sie Unterstützung nötiger gehabt haben!?

4. Behandeln Sie als Sieger andere Leute so, wie Sie es sich im umgekehrten Fall wünschen. Man wird Sie dafür wertschätzen. Sie werden in guter Erinnerung bleiben.

5. Bleiben Sie authentisch. Dann sind Sie umso interessanter.

Kapitel 17

Die Angst vor dem Elfmeter
Über die Stärke, zum notwendigen Zeitpunkt das Richtige zu tun

„Dann kam das Elfmeterschießen. Wir hatten alle die Hosen voll, aber bei mir lief's ganz flüssig."

(Paul Breitner)

Willkommen zu einer kleinen Zeitreise. WM-Finale 1990 in Italien. Deutschland gegen Argentinien. Die beiden größten Mannschaften jener Zeit stehen sich nach 1986 wieder im Endspiel des bedeutendsten Turniers der Fußballwelt gegenüber. Die 85. Minute ist angelaufen. Beim Stand von 0:0 wird Rudi Völler von Roberto Sensini im Strafraum zu Fall gebracht, der mexikanische Schiedsrichter pfeift und zeigt auf den Punkt: Elfmeter.

Das ganze Land sitzt gebannt vor dem Fernseher. Andreas Brehme greift sich die Kugel. Fokussiert, entschlossen, siegessicher. Später wird er in einem Interview sagen, er habe keine Zweifel an sich gehabt: „Man muss davon überzeugt sein, sonst wäre ich nicht zum Elfmeter hingegangen; dafür stand viel zu viel auf dem Spiel." Wer zum spielentscheidenden Elfmeter antritt, muss selbstbewusst sein und Nervenstärke zeigen.

Mann gegen Mann. Eine einmalige Chance. Aus elf Metern Entfernung tritt der Schütze gegen den Torwart an, übernimmt die Verantwortung für seine Mannschaft und kann durch seine eigenen Fähigkeiten eine Entscheidung herbeiführen. Solch eine Chance bietet jedoch in gleichem Maße auch Risiken, Versagensängsten kommt eine große Bedeutung zu. Die mediale Aufmerksamkeit ist auf den Schützen gerichtet. Schließlich erinnert man sich eher an Spieler, die verschossen haben als an Torhüter, die keinen Ball gehalten haben. Sicher haben Sie einige Beispiele im Kopf: Uli Hoeneß (1976), Roberto Baggio (1994) oder Arjen Robben, der 2012 sowohl im Meisterschaftsspiel gegen Borussia Dortmund Nerven zeigte, als auch im Champions-League-Finale gegen Chelsea London scheiterte.

Jeder von Ihnen kennt solche Situationen aus dem Alltag. Oft gilt es, Entscheidungen zu treffen, Verantwortung zu übernehmen, voranzuschreiten. Nur wer Chancen am sprichwörtlichen Schopfe packt, kann in der Wirtschaftswelt und im Alltag erfolgreich sein. Wer den Ball verwandelt, ist der gefeierte Held. Die Stärke, sich den Ball zu greifen, zum Punkt zuschreiten und den Ball im Tor zu versenken, d.h., zum notwendigen Zeitpunkt das Richtige zu tun, resultiert aus Mut, Entscheidungsfreude, Glaube an die eigenen Fähigkeiten und Akzeptanz der möglichen Risiken.

Denken Sie einmal an Ihre Führerscheinprüfung zurück. Monatelange Vorbereitung, zahllose Kilometer auf den Straßen dieser Welt: Sie wissen, dass Sie Auto fahren können, dass Sie einparken können, dass Sie die Verkehrsregeln im Schlaf beherrschen. Doch nun müssen Sie ihre Fähigkeiten auf den Punkt abrufen. Sie haben Angst. Angst davor, ein Vorfahrtsschild zu übersehen, eine durchgezogene Linie zu überfahren, den Schulterblick vor lauter Stress zu vergessen oder gar beim Einparken ein anderes Auto zu touchieren. Die Vorstellung, das angestrebte Ziel, die Erlangung der Fahrlizenz, nicht zu erreichen, wirkt bedrohlich und hemmt das eigene Potenzial. Sie sind auf sich allein gestellt, die Augen des Prüfers sind nur auf Sie gerichtet, jede Bewegung, jede Handlung wird beobachtet und bewertet.

Stellen Sie sich folgende Frage: Bin ich in dieser Situation wirklich auf mich allein gestellt? Meine Antwort für Sie lautet: Nein! Ihr Wissen, Ihre Erfahrung, Ihre Fähigkeiten, im Grunde genommen wird Ihr gesamtes Tun von Ihrem Können, von Ihren ureigenen Ressourcen begleitet und positiv verstärkt.

Das Wissen um die eigenen Fähigkeiten hilft Ihnen, die Angst vor dem Versagen subjektiv zu erkennen und durch Akzeptanz zu bewältigen. Der positive Gedanke „Ich kann es!" ermöglicht Ihnen, Ihre Aufgaben siegessicher und zielorientiert zu bewältigen, indem Sie Ihre Angst kontrollieren.

Jene Angst vor dem Elfmeter, die Angst vor der eigenen Courage, lässt sich in vielerlei Hinsicht auf alltägliche Situationen übertragen.

Stellen Sie sich vor, es ist Freitagabend und Sie sind in einer Bar in der Innenstadt. Sie treffen sich mit Freunden oder Kollegen auf ein Feierabendgetränk. Sie unterhalten sich angeregt und erblicken plötzlich eine attraktive Person an der Theke. Sie lächelt Ihnen zu, Sie lächeln zurück. Wer macht den nächsten Schritt? Wer ergreift die Initiative? Das Leben bietet Ihnen einmalige Gelegenheiten, die den weiteren Verlauf ihres Lebens prägen können, wenn Sie diese Chancen wahrnehmen. Während sich Ihre Blicke treffen, sind Sie sich ihrer Fähigkeiten bewusst. Sie wissen um Ihr Auftreten, Ihre Erscheinung, Ihr Wirken auf andere Menschen. Dennoch zweifeln Sie. Wieso? Ergreifen Sie die Möglichkeit, so wie Andreas Brehme sich die Pille geschnappt hat. Was kann Ihnen im schlimmsten Fall passieren?! Die Welt wird davon nicht untergehen. Ihre auch nicht. Egal, wie es ausgeht.

Vorbeigezogenen Chancen trauern wir nur allzu gerne nach. Es ist wie an der Börse: Niemand klingelt, wenn der richtige Zeitpunkt gekommen ist, eine Aktie zu kaufen. Zögern wir beim Einstieg, ärgert man sich vielleicht später über verpasste Gewinne. Hören wir lieber auf unser Bauchgefühl und glauben an unsere eigene Courage und Stärke. Sei es im Vorstellungsgespräch nach einer kräftezehrenden Jobsuche oder bei der Präsentation eines Projektes.

Zeigen Sie Mut, gehen Sie voran, übernehmen Sie Verantwortung. Scheuen Sie sich nicht, selbst die Initiative zu ergreifen. Warten Sie nicht darauf, dass andere Menschen zuerst handeln und den Erfolg zu Ihnen tragen. „Irgendwer wird's schon richten" – mit dieser Einstellung werden Sie kein Meister Ihres Alltags.

Damit möchte ich nicht sagen, dass jede ergriffene Chance zwangsläufig zu persönlichem Erfolg führt. Viel mehr möchte ich Sie dazu ermutigen, an sich zu glauben und öfter eine Gelegenheit zu nutzen, auch wenn der Ball beim Elfmeter einmal nicht den Weg ins Tor findet.

Die Fußballer auf dem Rasen machen es uns vor: Die Tatsache, dass jeder Bundesligaspieler, der nach einem verschossenen

Elfmeter im selben Spiel ein weiteres Mal vom Punkt angetreten ist, den Ball verwandelt und sein Team zum Sieg geführt hat, zeigt, dass Mut und Hartnäckigkeit sich auszahlen. Das positiv verstärkende Leitmotiv „Ich kann es!" wird durch Fehlschläge nicht beschädigt. Aus Fehlern lernt man, so dass Ihre zukünftigen Handlungen von höherem Erfolg geprägt sein werden: Der Misserfolg kann sogar der passende Schlüssel zum Erfolg sein. Bleiben Sie am Ball! Ergreifen Sie weitere Chancen, zeigen Sie Mut! Solange Sie sich und ihr Ziel nicht aufgeben, ist aller Misserfolg kein Scheitern, sondern nur ein weiterer kleiner Schritt zu Ihrem persönlichen Glück.

Tun Sie es Aaron Hunt gleich, der im September 2012 im Spiel des SV Werder Bremen gegen den Hamburger SV den ersten Elfmeter verschoss und nur wenige Minuten später erneut antrat, um den Ball zu verwandeln. Steigen Sie nach einem Autounfall wieder in ein Auto und fahren Sie. Glauben Sie an ihre Fähigkeiten, lassen Sie sich nicht von ihren Ängsten beirren. Halten Sie es wie Oliver Kahn, getreu dem Motto „Weiter, immer weiter!"

Denken Sie an die Situation in der Bar. Vielleicht sitzt am Nachbartisch jemand, der es Ihnen ebenso angetan hat. Gehen Sie auf diesen Jemand zu, sprechen Sie ihn an, vertrauen Sie auf Ihre Person. Seien Sie mutig, den Zeitpunkt zu nutzen, die Chance zu ergreifen. Nur wer wagt, kann auch gewinnen. Sie müssen nur dem Glück die entscheidenden Schritte entgegengehen.

Andreas Brehme tut genau das. Er legt die Kugel auf den Punkt, nimmt Anlauf und versenkt den Ball im unteren linken Eck. Deutschland geht mit 1:0 in Führung und rettet das Ergebnis über die Zeit. Zum dritten Mal nach 1954 und 1974 wird eine deutsche Fußballnationalmannschaft Weltmeister, die ganze Nation jubelt dank Andreas Brehme. Er wusste, was er kann und hat es einfach getan. Selbstvertrauen und innere Bestimmtheit führten zum Erfolg, zum größten Erfolg seiner Karriere.

Es sind besondere Momente, die über Erfolg und Misserfolg entscheiden. Durch Ihr Handeln entscheiden Sie über Ihren

Werdegang. Hoffen Sie nicht auf das Schicksal oder auf Fügung. Nehmen Sie Ihr Leben selbst in die Hand und ergreifen Sie Ihre Chancen. Glauben Sie an Ihre Stärke. Zeigen Sie Kampfgeist und Willenskraft. Es wäre doch gelacht, wenn Sie das nicht hinbekommen.

Jeder Sieg beginnt im Kopf. In Ihrem Kopf. Ihr Können wartet nur darauf, dass Sie es nutzen. Verwandeln Sie einfach den Elfmeter, auf und neben dem Platz.

Dann lachen Sie. Denn Sie wissen, dass Sie es können.

Teil 2:

Kommunikation, Wettbewerb, Verantwortung

Kapitel 18

Trügerische Sicherheiten
Warum es Sinn macht, mit allem zu rechnen

„Einen 4:0 Vorsprung aus der Hand zu geben, das ist normalerweise nicht möglich."

(Jogi Löw)

„Sicher ist nur, dass nichts sicher ist" - diesen Spruch kennen Sie wahrscheinlich. Wenn nicht, haben Sie vielleicht das denkwürdige WM-Qualifikationsspiel der deutschen Nationalmannschaft gegen Schweden gesehen. Spätestens seitdem kennen Sie die Bedeutung dieses Spruchs.

16. Oktober 2012. Berlin. Olympiastadion. Es ist ca. 21:45 Uhr. Viele Millionen von Zuschauern an den TV-Geräten und Zehntausende im Stadion trauen ihren Augen kaum: Deutschland spielt Schweden an die Wand. Wie im Rausch. Fußballfreunde auf der ganzen Welt - außer in Schweden - sind wie verzaubert von der Brillanz des deutschen Teams um Schweinsteiger, Özil und Lahm. Es steht bereits 4:0.

30 Minuten später ist das Spiel vorbei. Es steht 4:4. Fassungslosigkeit macht sich breit. Unsere Nationalspieler lassen die Köpfe hängen. Fans schauen sich entgeistert an. Sie fragen sich, ob das tatsächlich passiert ist. So irreal scheint es. Das Spiel war doch schon gewonnen. Darüber war sich jeder sicher. Absolut sicher. Wie also konnte das passieren?

Das einzige Sichere an diesem Spiel ist, dass es in die Fußballhistorie eingehen wird. Daran besteht kein Zweifel. Und es ein hervorragendes Beispiel dafür, dass sich sicher geglaubte Erfolge plötzlich noch in Luft auflösen können. Denn vergessen wir nicht die Tatsache, die das deutsche Team völlig aus den Augen verlor, spätestens nach dem 4:0: Da gab es ja noch einen Gegner. Er stand nicht nur auf dem Papier. Er stand sogar auf dem Platz.

Die Gründe, warum dieses Spiel noch kippen konnte, lagen in der schwedischen Mannschaftskabine bzw. in der Wut von Zlatan Ibrahimović. Der schwedische Ausnahmespieler hatte sich in der Halbzeit fürchterlich darüber aufgeregt, dass von den Schweden nichts zu sehen war. Lautstark hatte er seinen Mannschaftskameraden vermittelt, dass er nicht vorhabe, als wehrloses Opfer wieder nach Hause zu fahren. Alter Schwede. Das hat gereicht. Er hat sich selbst und seine Mitspieler an der Ehre gepackt. Sie wollten zeigen, dass sie keine Idioten sind, die sich von der deutschen Mannschaft vorführen lassen. Frei nach dem Motto: „Wir haben keine Chance. Nutzen wir sie."

Was dann geschah, wissen Sie. Die Schweden gingen viel engagierter zu Werke. Sie rannten und kämpften wie von der Tarantel gestochen. Nach den ersten gewonnenen Zweikämpfen witterten sie den ersten zarten Hauch von Morgenluft. Ums Gewinnen ging es ihnen gar nicht mehr. Sie wollten sich einfach gut verkaufen, mit erhobenen Haupte vom Platz gehen. Und siehe da: Über das Engagement kamen sie zu guten Ballkombinationen und zum ersten Gegentor.

Bis dahin dachten wir noch an die recht übliche Ergebniskosmetik. Die deutschen Spieler schienen sich schon die überschwänglichen Presseschlagzeilen am nächsten Tag vorzustellen. Flugs stand es 4:2, dann 4:3. Kurz vor Schluss kam noch eine zweifelhafte Schiedsrichterentscheidung für die Schweden dazu, am Ergebnis änderte es nichts mehr. 4:4.

Die deutsche Mannschaft hatte versagt, weil sie sich zu sicher wähnte. Aus gemeinschaftlicher Brillanz wurde kollektives Versagen, weil sich jeder auf den anderen verlassen hatte anstatt selbst die Initiative zu ergreifen.

Dieses WM-Qualifikationsspiel ist deshalb ein so gutes Beispiel für trügerische Sicherheiten, weil es so unmöglich schien, was passierte, wie Bundestrainer Yogi Löw anschließend sagte. Ein 1:0 aufzuholen ist Pflicht eines jeden Profis. Eine 2:0-Führung zu

verspielen ist gut möglich. Das passiert an jedem Bundesligaspieltag in mindestens einem Fußballstadion. Einen 3:0-Rückstand
aufzuholen ist beeindruckend. Eine 4:0-Führung zu verspielen
klingt jedoch absurd. Wie wenn jemand aus 40 Kilometern Höhe
vom Himmel fällt und überlebt. Aber fragen Sie Fallschirmspringer
Felix Baumgartner, ob er sich absurd fühlt. Ich schätze, er fühlt
sich im Gegenteil sehr konkret, quicklebendig und glücklich. Zlatan
Ibrahimović dürfte sich nach dem Punktgewinn gegen Deutschland
genauso gefühlt und eine ganze Weile positiv daran gezehrt haben.
Ein paar Wochen später gelang dem schwedischen Superstar im
Länderspiel gegen England auch noch ein unglaublicher Fallrück-
zieher-Treffer. Als Ibrahimović dazu ansetzte, hätten wahrscheinlich
99,99 Prozent aller Zuschauer gesagt, dieser komische Fallrückzieher aus 30 Metern Entfernung geht nicht rein. Mit Sicherheit nicht.
Völlig unmöglich. Und was passierte? Er ging trotzdem rein. Und
wie! Dieser Treffer hat das Potential zum Tor des Jahrzehnts.

Daran erkennen Sie einmal mehr, dass nur sicher ist, dass nichts sicher ist. Oder andersrum gesagt: Mit dem unbedingten Willen zum
Erfolg ist so gut wie alles möglich. Wenn Sie an sich glauben und
das Beste geben, setzen Sie nicht nur neue Energien frei, sondern
merken auch direkt, wie es voran geht.

Im Alltag ist das genauso wie auf dem Fußballplatz. Wenn Sie eine
Herausforderung konkret anpacken und es gelingt, sind Sie umso
motivierter für die nächste Herausforderung. Meistern Sie diese
ebenfalls, beginnen Sie langsam die nächste Herausforderung geradezu herbei zu sehen. Denn Ihr Selbstvertrauen wächst mehr und
mehr. Dann steht nicht mehr das Problem im Mittelpunkt. Dann wird
die Lösung zur Leidenschaft. Weil es fast schon selbstverständlich
für Sie ist. Und je selbstverständlicher Sie es tun, umso größer ist
die Wahrscheinlichkeit, dass es gelingt. Nicht immer. Das wäre
sonst zu einfach. Aber immer öfter.

Denken Sie an Ibrahimović. Denken Sie an die Schweden. Nach
den ersten gewonnenen Zweikämpfen glaubten sie wieder an sich.
Spätestens nach dem 3:4 waren die Schweden voll im Flow und

am Ende hatte sich ihre Leidenschaft tatsächlich bezahlt gemacht. Das Spiel endete zwar unentschieden. Im Kopf hatten jedoch die Schweden gewonnen. Und zwar schon in dem Moment, als sie entschlossen waren, noch einmal alles zu geben.

Sie kennen dieses Prinzip auch aus anderen Lebensbereichen. Schauen Sie in die Zeitung. Dort finden Sie jeden Tag Berichte über unumstößliche Erkenntnisse, die plötzlich in Frage gestellt werden. In der Wissenschaft, in der Politik, in der Liebe. Überall. Im Positiven wie im Negativen. Vielleicht kennen Sie es auch schon von sich selbst. Aus eigener Erfahrung. Dann wissen Sie, wie sich Fassungslosigkeit anfühlt. Aber auch, was sie für neue Chancen eröffnen kann.

Der springende Punkt bei all diesen vermeintlichen, äußeren Sicherheiten ist: Es gehören immer mindestens Zwei dazu. Nicht nur Sie selbst. Ganz abgesehen von den Überraschungen des sogenannten Zeitgeistes oder den Launen von Mutter Natur. Da können Sie manchmal einfach nur noch darüber staunen, wie schnell sich die Dinge im Leben ändern können. Und auch das ist nicht sicher, wenn die Kraft zum Staunen fehlt.

Insofern ist meine Empfehlung für Sie: Rechnen Sie zunächst einmal immer mit allem. Hegen Sie keine Erwartungen. Nicht an die Menschen, die Sie kennen. Noch weniger an die Menschen, die Sie nicht kennen. Schon gar nicht an das sogenannte Schicksal.

Schauen Sie sich lieber Situationen aus Ihrem Leben an, in denen Sie überrascht wurden. Vor allem die positiven Überraschungen. Verdrängen Sie jedoch nicht die negativen Überraschungen. Auch sie haben einen Lerneffekt. Denken Sie an den FC Bayern München. Dreimal innerhalb von vier Jahren war die Mannschaft im Champions-League-Finale. Zweimal haben sie verloren. Beim dritten Mal war es endlich so weit. Weil die Bayern nie den Glauben daran verloren, dass sie es konnten. Also konnten sie es schließlich.

Nehmen Sie sich für die Beschäftigung mit Ihrem eigenen Können die Zeit, die Sie brauchen. Am besten abends vor dem Einschlafen und morgens nach dem Aufwachen. Jeweils fünf Minuten. Das ist nicht lange, aber es lohnt sich. Es schärft Ihr Bewusstsein gegenüber trügerischen äußerlichen Sicherheiten, die Sie nur bedingt beeinflussen können. Dadurch entsteht Platz in Ihrem Kopf für Ihre innere mentale Stärke.

Äußere Sicherheiten, so sehr sie auch unser Leben und Denken zu erleichtern scheinen, sind auch Abhängigkeiten. Denken Sie z.B. an Ihr Navigationsgerät im Auto. Natürlich, es bringt Sie sicher ans Ziel. Aber was ist, wenn Sie es nicht regelmäßig updaten oder es sogar den Geist aufgibt!? Machen Sie sich das bewusst. Zur Angst besteht kein Grund. Als es noch keine Navis gab, haben Sie auch Ihren Weg gefunden.

Mit der Zeit werden Sie Schritt für Schritt ein stärkeres Gefühl dafür bekommen, dass Sie so schnell nichts mehr aus der Bahn wirft. Vor allem werden Sie feststellen, wo sich die eigentliche Sicherheit befindet: In Ihnen selbst. Sie trägt verschiedene Namen, die alle denselben Weg mit Ihnen gehen: Selbstvertrauen, Wille, Motivation, Leidenschaft, Begeisterung.

Kapitel 19

Elf Feinde sollt ihr nicht sein
Wenn Egoisten Freunde spielen und von anderen Energieräubern

„Wenn jeder Spieler zehn Prozent von seinem Ego an das Team abgibt, haben wir einen Spieler mehr auf dem Feld."
(Berti Vogts)

Willkommen auf der Bühne der Egos. Hier geht es um Schein oder Nichtschein. Auch um Scheine, wo große Zahlen draufstehen.

Man kann von Ex-Bundestrainer Berti Vogts halten, was man will. Er war als Mensch schon immer etwas spröde und viele zweifelten an seinen sportlichen Strategien und Entscheidungen. Man sollte nur nicht vergessen: Mit Berti Vogts gewann Deutschland zum letzten Mal einen großen Titel als „wir" 1996 Europameister wurden.

Mit seiner Einschätzung hinsichtlich der Egos von Fußballspielern liegt er meines Erachtens goldrichtig. Plakative Beispiele dafür sehen Sie fast jeden Samstag in der Sportschau, wenn Spieler z.B. ein Tor unbedingt selbst schießen wollen, obwohl ein Mitspieler viel besser postiert ist.

Nicht nur im Fußball reicht der Egoismus weit über die Länge des Spielfeldes hinaus. Teilweise bis in die Mannschaftskabine und noch weiter.

Eine interessante Anekdote zu dieser Thematik gibt es von Bastian Schweinsteiger, der schon zu Beginn seiner Karriere ein Problem mit Oliver Kahn hatte. Oder besser gesagt: Oliver Kahn mit ihm. Denn - ob nun Zufall oder Plan der Vereinsführung - bekam Schweinsteiger in seinem ersten Jahr beim FC Bayern München in der Kabine den Platz direkt neben Kahn. Im Rahmen des Trainings und der Spiele war es üblich, dass der Zeugwart jedem Spieler vorher ein Handtuch an seinen Platz hing. So hatte also jeder

Spieler immer etwas zum Abtrocken nach dem Duschen. Nur nicht Bastian Schweinsteiger. Sein Handtuch fehlte stets. Nach diversen Grübeleien, warum ausgerechnet er keins bekommen hatte, stellte er auf einmal fest: Oliver Kahn ging mit seinem eigenen Handtuch duschen und benutzte anschließend Schweinsteigers Handtuch, um seine Handschuhe zu polieren. Lange Zeit traute sich Schweinsteiger nicht, das Thema anzusprechen und holte sich eigenhändig lieber ein neues Handtuch.

Ja, das ist eher amüsant als tragisch. Denn das fehlende Handtuch stand weder der Karriere von Oliver Kahn noch der von Bastian Schweinsteiger im Wege. Vielleicht war es sogar gut, dass der großmäulige Youngster Schweinsteiger neben einem Kollegen saß, der eine noch größere Schnauze hatte. Damit bekam er seine Grenzen aufgezeigt. Heute agiert Schweinsteiger jedenfalls abgeklärt und klug. Da kann man schon auf den Gedanken kommen, dass es ihm nicht geschadet hat.

Diese Geschichte ist auch ein Beispiel dafür, dass es manchmal gar nicht so einfach ist, zu wissen: Wer ist Freund und wer ist Feind? Was ist Ego und was ist der Sinn der Geschichte?

Eines kann ich Ihnen dazu mit Sicherheit sagen. Vielleicht haben Sie das auch schon festgestellt: Die wahren Egoisten sind die, die sich als Freunde tarnen. Damit erwerben Sie Ihr Vertrauen. Denn einem erkennbaren Feind schenken Sie ihr Vertrauen kaum.

Falsche Freunde erkennen Sie spätestens, wenn Sie keinen Erfolg mehr haben oder wenn es Ihnen schlecht geht. Insofern ist das Scheitern eines Plans manchmal sogar hilfreich. Nicht nur, um in Sachen Fähigkeiten für Ihr nächstes Projekt noch besser zu werden. In der Herausforderung sehen Sie auch, wer zu Ihnen hält. Dadurch können Sie für die Zukunft besser entscheiden, mit wem Sie sich umgeben wollen.

Im Hier und Jetzt erkennen Sie falsche Freunde daran, dass sie zwar am selben Strang ziehen wie Sie. Nur an der anderen Seite.

Sie geben zwar vor, mit Ihnen dasselbe Ziel zu haben. Schauen Sie jedoch genau hin, merken Sie: Ja, sie haben tatsächlich dasselbe Ziel. Nur leider spielen Sie dabei keine Rolle.

Im privaten und beruflichen Alltag haben Sie es natürlich nicht nur mit Freund oder Feind zu tun. Das wäre zu schwarz-weiß gemalt. In beruflichen Dingen muss nicht jeder Kollege ein Freund sein. Oft genug ist es sogar unproblematischer, wenn es um rein berufliche Aspekte geht. Damit vermeiden Sie mögliche Interessenskonflikte.

Dennoch möchte ich den Wert von Freundschaftlichkeit betonen. Dabei geht es nicht um Freundschaft zwischen zwei oder mehr Menschen, sondern um einen Handlungsstil. Er ist geprägt von einem Miteinander statt von einem Gegeneinander. Von Fairness statt von Missgunst. Von Loyalität statt von Opportunismus. Von Verständnis statt von Vorverurteilung. Von Akzeptanz statt von Neid. Von Verantwortung statt von Egoismus. Von Authentizität statt vom Austausch reiner Floskeln.

Auch hier gilt es, das richtige Maß zu finden. Toleranz ist eine tolle Sache. Hilfsbereitschaft ist eine wunderbare Eigenschaft. Nicht nur für die, denen geholfen wird. Es gibt einem auch selbst ein schönes Gefühl, wenn es durch die eigene Hilfe einem anderen Menschen besser geht.

Weniger schön ist es, wenn Sie jemandem den Finger reichen und er die ganze Hand beansprucht. Oder gleich den ganzen Arm.

Sie können nicht immer helfen. Sie können nicht jeden unterstützen. Schon gar nicht, wenn Sie eigene Pläne verfolgen, die sonst auf der Strecke blieben. Dann ist es besser, klare Grenzen zu ziehen. Sonst verlieren Sie sich selbst. Wenn Sie sachlich und freundlich argumentieren, dass Sie gerade keine Zeit oder keine Mittel haben, um jemandem zu helfen, wird er es akzeptieren. Authentizität ist auf jeden Fall besser als es jedem Recht machen zu wollen. In der Regel werden Sie dafür sogar mehr respektiert als wenn Sie sich stets aufreiben, um anderen zu gefallen. Auch das ist eine Frage des Selbstbewusstseins. Oder anders gesagt: Willst Du was gelten, lass Dich nicht melken.

Wenn Sie das Gefühl haben, jemand verhält sich Ihnen gegenüber zu egoistisch, reden Sie mit ihm. Es ist immer besser, als nur über ihn zu reden. Damit zeigen Sie sich tatkräftig und lösungsorientiert. Das entspricht dem, was sich viele Freundeskreise und Unternehmen gerne auf die Fahne schreiben. Wie sie es tatsächlich umsetzen, ist eine andere Frage. Sie hingegen tun es!

Mit offener, authentischer Kommunikation zeigen Sie sich auf alle Fälle vertrauenswürdig. Man wird Sie dafür mehr respektieren, als wenn Sie sich hinter seinem Rücken über ihn beschweren. Wenn sich Menschen Ihnen gegenüber nur über negative Eigenschaften anderer Leute auslassen, wie reden diese Leute dann über Sie mit anderen Menschen? Haben Sie sich das schon einmal überlegt?

Über das Thema Egoismus wurde schon viel geschrieben und noch viel mehr geredet. Auch im Zusammenhang mit Aspekten wie Mobbing, Leistungsdruck und Burn-out. Als Lösungsansatz ist dann gerne auch von Work-Life-Balance, Corporate Governance und anderen wohlklingenden Rezepten die Rede. Ganze Heerscharen von Wirtschaftspsychologen, Therapeuten, Beratern und Autoren widmen sich diesen Themen. Das allein schon zeigt ihre Relevanz.

Die Frage ist nur: Warum gibt es trotzdem immer mehr statt weniger Krankheitstage von Arbeitnehmern aufgrund psychischer Belastung? Warum werden durch Mobbing und blinde Gier in der Wirtschaft jedes Jahr Milliarden an Umsatz verschenkt? Mobbing ist eine Produktivitätsbremse. Das bestätigt jede Studie.

Die Mobbing-Problematik ist im Sport dieselbe. Dort ist sie sogar noch besser zu erkennen. Sie sehen es auf dem Platz und im Fernsehen. Dort erkennen Sie schnell, ob der Teamgeist stimmt. Vor allem, wenn ein Team in Rückstand gerät. Dann sehen Sie schnell, wie es um die viel zitierte Moral in der Mannschaft bestellt ist.

Nach dem gleichen Prinzip können Sie auch im gesellschaftlichen, sozialen und privaten Alltag vorgehen. Denn das Schöne am Egoismus ist: Er ist menschlich. Das bedeutet, er zeigt sich überall, wo mehrere Menschen ein gemeinsames Ziel verfolgen. Auch in Freundschaften, in Projektgruppen und in Liebesbeziehungen. Ein bisschen Egoismus ist immer dabei. Und das finde ich auch okay, solange das persönliche Ziel das gemeinsame Ziel nicht in den Hintergrund drängt. Denn dann hätte niemand etwas davon. Es gäbe nur Verlierer.

Schönerweise gibt es auch Projekte und Unternehmungen, wo tatsächlich alle Beteiligten am selben Strang ziehen – und zwar am selben Ende. Und nicht nur das. Es kann sogar sein, dass Menschen im Team über sich hinauswachsen. Weil der Teamgeist stimmt. Weil die Loyalität stimmt. Weil die Kommunikation stimmt. Weil das gemeinsame Ziel wichtiger bleibt als die persönliche Eitelkeit.

Beispiele für Teamarbeit ohne großen Ego-Faktor gibt es genug: Z.B. die Fußballnationalmannschaft Griechenlands, die 2004 Europameister wurde. Gemessen am Können der einzelnen Spieler wäre das undenkbar gewesen. Nur der gemeinsame Wille im Team machte es möglich. Oder Borussia Dortmund. Zweimal hintereinander wurde die Mannschaft Deutscher Meister. Auch dort bügelte z.B. jeder Spieler jederzeit einen Fehler des anderen aus und wusste, der andere tut es auch für ihn. Aus purer Selbstverständlichkeit. Die Dortmunder wussten, dass sie nur auf diese Weise erfolgreich sein können. Dafür waren sie auch gerne bereit, 10 Prozent ihres Egos abzugeben und damit einen zwölften Mann auf dem Platz zu haben. Dieser zwölfte Spieler steht nie auf einem Spielbericht, aber ich kann Ihnen sagen, wie er heißt: Motivation.

Damit komme ich nun zu meinen Tipps, wie Sie das Thema Egoismus auf gesunde Weise für sich nutzen können. Auch im Team.

1. Eine Spur gesunder Egoismus schadet nicht zwangsläufig, solange er nicht auf Kosten eines gemeinsamen Ziels geht.

2. Gestehen Sie auch anderen einen gewissen Egoismus zu. Sollte es dazu führen, dass Sie deshalb genötigt werden, einen falschen Weg mitzugehen, ziehen Sie klare Grenzen.

3. Wenn Sie eine Vereinbarung treffen, gewährleisten Sie, dass Sie diese einhalten. Nehmen Sie es sich ruhig heraus, es auf Ihre Art zu tun. Nicht auf die Art eines anderen. Man wird Sie mehr respektieren, als wenn Sie jemanden kopieren.

4. Probieren Sie nicht aus Prinzip immer Ihren Kopf durchzusetzen oder Recht zu haben. Eine der größten Freiheiten, die Sie haben können, ist im Unrecht zu sein und sich gut dabei zu fühlen.

5. Bleiben Sie mental beweglich. Offenheit ist eine der Voraussetzungen für guten Teamgeist.

6. Kommen Sie für die Erreichung Ihrer Ziele gerne anderen entgegen, aber rennen Sie niemandem hinterher. So werden Sie ernst genommen, zeigen aber auch, dass man mit Ihnen reden kann.

7. Seien Sie sich bewusst, warum und wofür Sie etwas tun. Ein gemeinsames Ziel kann ungeahnte Kräfte freisetzen.

8. Bleiben Sie ehrlich. Egoismus beginnt vor der eigenen Haustür.

Kapitel 20

Kontrolle ist gut, Vertrauen ist besser
Warum es besser ist, nicht immer alles beeinflussen zu wollen

„Ich habe absichtlich falsch ausgewechselt, damit wir nicht zu hoch gewinnen."
(Aleksandar Ristic)

NSA-Überwachung, Gemauschel beim ADAC, Wettskandale im Fußball, Datenklau, Finanzkrise... Wenn man die Zeitung aufschlägt, könnte man den Eindruck gewinnen, dass wir in einer Welt der Krisen und Skandale leben. Sepp Herberger hätte gesagt: Nach dem Skandal ist vor dem Skandal.
Sogar das Zeitungswesen selbst befindet sich in einer Krise. Um sich zu informieren, bieten andere Medien heute schon bessere Möglichkeiten. So könnten Tageszeitungen in Zukunft ein ähnliches Liebhaberprodukt werden, so wie es Vinylschallplatten bereits sind.

Die Zeitungskrise sehe ich als logische Folge der technischen Evolution. Neue Medien sind in Sachen Informationsbeschaffung, -übermittlung und –vernetzung einfach aktueller, effektiver und interaktiver. Mit dem Thema Vertrauen hat das weniger zu tun. Höchstens mit fehlendem Vertrauen gegenüber den positiven Möglichkeiten, welche die neuen Medien bieten.

Bei anderen Krisen scheint mir oft Vertrauensmissbrauch der Kern des Übels zu sein. Von Lebensmittelskandalen über Krisen in der Politik und Wirtschaft bis zum Sport – eigentlich sind es allesamt Vertrauenskrisen. Ir¬gendjemand geht fahrlässig mit dem Vertrauen um, das man in ihn setzt. Dann ist die große Frage: Was lässt sich dagegen tun? Als Antwort hören wir dann meistens: Stärkere Kontrollen und höhere Strafen.

Glauben Sie ernsthaft, dass das etwas bringen würde? Glauben Sie, es hält einen Fleischfabrikanten davon ab, ein krankes Pferd als gesundes Rind zu verkaufen, weil die Verbraucherministerin darüber empört ist? Glauben Sie, dass ein Wettpate keine Sportergebnisse mehr zu manipulieren versucht, weil einige Manipulationen aufgeflogen sind?

Ich glaube das nicht. Im Gegenteil. Ein betrügerischer Charakter wird sich motiviert fühlen, neue Wege für Manipulationen zu finden. Es ist geradezu eine Herausforderung für ihn. Es ist sozusagen sein Job und er macht ihn sehr engagiert. Daneben hat er den Vorteil, den Kontrolleuren einen Schritt voraus zu sein. Während sie daran arbeiten, dass ein Betrug auffliegt, arbeitet er schon am nächsten.

Kontrollen und Strafen bei Krisen und Skandalen sind in meinen Augen wie Schmerzmittel gegen Grippe. Akut mag es die Symptome lindern. An den Ursachen ändert es jedoch nichts.

Ich will damit keineswegs sagen, dass unsere Welt schlecht ist. Mir geht um die mangelnde Effektivität von Maßnahmen und Konsequenzen. Es wäre mir lieber, der Sport wäre frei von Doping und Betrug. Es wäre mir lieber, man könnte sich darauf verlassen, was auf Lebensmittelverpackungen steht. Es wäre mir auch lieber, wenn sich die Menschen gegenseitig wieder mehr vertrauen könnten. Aber das ist der entscheidende Punkt: Fangen Sie doch einfach damit an, wieder zu vertrauen.

Vertrauen Sie nicht darauf, dass alles so ist, wie es scheint. Nicht darauf, dass es immer so ist, wie man es Ihnen vorgaukelt. Vertrauen Sie lieber darauf, dass die Dinge gut sind wie sie sind. Das ist wesentlich besser für Ihr Gemüt. Wenn Sie sich über jeden Fehler anderer, über jeden Missstand in der Welt aufregen, haben Sie bald nichts anderes mehr zu tun. Vor allem beginnen Sie mit dem Vertrauen bei sich selbst. Sorgen Sie dafür, dass man Ihnen vertrauen kann. Gehen Sie sich selbst mit gutem Beispiel voran. Sonst macht es keiner. Zumindest nicht in Ihrem Leben.

Vertrauenswürdigkeit unterstützt auch in erheblichem Maß Ihr Selbstvertrauen und ihr Selbstbewusstsein. Wenn andere Menschen wissen, dass sie Ihnen vertrauen können, werden Sie in allen Belangen Ihres Könnens zulegen. Sie werden sehen.

Vertrauen beginnt im Wesentlichen schon in der Offenheit gegen-
über anderen Menschen. Neulich machte ich z.B. eine interessan-
te Begegnung im Zug. Gegenüber von mir setzte sich ein junger
Mann auf den freien Platz. Wie sich herausstellte, war er Italiener.
Wir kamen miteinander in ein lockeres, munteres Gespräch über
Fußball, und er kam ins Schwärmen von der WM 2006 als Italien
in Deutschland Weltmeister wurde. Nachdem ich die italienische
Nationalmannschaft, wegen ihrer Nervenstärke in entscheidenden
Spielen gelobt hatte, meinte der junge Mann plötzlich, das sei kein
Wunder. Schließlich würden teilweise schon die Jugendfußballer in
Italien alle Eventualitäten eines Spiels trainieren. Ich fragte ihn leicht
provokativ, ob es auch dazu gehören würde, Elfmeter zu bekommen, die gar keine sind (also bei denen kein Foul im Spiel ist) und
erklärte ihm, dass dieser Eindruck sich (u.a.) aufgrund mancher
Aktionen von Ex-Stürmerstar Filippo Inzaghi geradezu aufgedrängt
habe. Da begann er schelmisch zu grinsen und erzählte mir von
einem Video der italienischen Nationalmannschaft, das im Internet
kursiert. Dort trainieren die Spieler offensichtlich auf Kommando
plötzlich umzufallen. So dass es aussieht, als seien sie gefoult worden. Mein Gesprächspartner empfahl mir noch, das Video auf jeden
Fall einmal anzuschauen. Davon könnte man noch etwas lernen. Da
musste ich laut lachen und meinte: „Ganz bestimmt. Fragt sich nur,
was." Einen Moment später packte ich meine Sachen zusammen,
denn der Zug erreichte Düsseldorf. Als wir uns herzlich voneinander
verabschiedeten, wünschten wir uns gegenseitig noch eine schöne
WM in Brasilien. Seine letzten Worte habe ich noch im Ohr: „Hauptsache, nicht Spanien."

Obwohl ich dieses Video über die italienische Schauspielkunst
auf dem Fußballplatz bis heute noch nicht angeschaut habe, freue
ich mich natürlich sehr auf die WM in Brasilien. Nach den großen
Erfolgen des FC Bayern München in der Champions League bin ich
davon überzeugt, dass Deutschland ein entscheidendes Wörtchen
um den Weltmeistertitel mitreden wird. Denn die Bayern-Spieler, die
einen wesentlichen Teil der Nationalmannschaft stellen, haben nun
einen großen Titel erringen können. Das wird sie selbstbewusst machen, wenn es in einem entscheidenden Spiel wieder gegen Italien

oder Spanien gehen sollte. Auch die Dortmunder werden nach den starken Leistungen zum Ende der vergangenen Saison in Brasilien auftrumpfen. Da bin ich mir sicher. Die einzige Gefahr sehe ich im unterschwelligen Konkurrenzkampf der Vereinsspieler innerhalb der Nationalmannschaft. Das ist auch Jogi Löw und seinem Trainerteam bewusst. Sie werden entsprechende Rezepte für einen starken Teamgeist entwickelt haben. Schließlich verfolgen alle Spieler in Brasilien dasselbe Ziel – egal, ob sie nun aus München, Dortmund, Mönchengladbach, Madrid oder London anreisen. Die drei Sterne auf Ihrer Brust zeigen es eindeutig: In Brasilien spielen sie für Deutschland. Nicht für ihren Verein. Und wenn 2014 tatsächlich ein vierter Stern dazu kommen soll, dann wird dies nur funktionieren, wenn sie ihr gemeinsames Ziel verinnerlichen und ihre Egos im Griff haben.

Im Hinblick auf das Verhältnis zwischen Kontrolle und Vertrauen ist der FC Bayern München im Übrigen ein spannendes Beispiel. Denn in den letzten sechs Jahren hatten die Münchner mit vier verschiedenen Trainern beide Extreme erlebt.

Mit Jürgen Klinsmann kam 2008 ein Trainer, der nicht viel Erfahrung, aber viele neue Strategie-Rezepte mitbrachte. Hauptsächlich bestand seine Erfolgsformel aus Teamgeist, Vertrauen und Leidenschaft. Damit war er als Bundestrainer bei WM 2006 in Deutschland relativ erfolgreich. In München konnte sich Klinsmann damit jedoch nicht durchsetzen. War seine Erfolgsformel zu naiv? Das würde ich nicht sagen. Ich denke, er war zur falschen Zeit am falschen Ort. Nach Jürgen Klinsmann kam Louis van Gaal nach München. "Der General" stand im Gegensatz zu Klinsmann für Kontrolle und Dominanz. So wie van Gaal seine Spieler kontrollierte, sollten sie die Gegner auf dem Platz kontrollieren. Van Gaal war damit durchaus erfolgreich. Allerdings schlich sich mit der Zeit immer mehr Unmut im Team ein als das Champions-League-Finale gegen Inter Mailand verloren wurde. Die Spieler fühlten sich ihrer Freiheit auf dem Platz beraubt. Was tat van Gaal? Er kontrollierte noch mehr. Das war der Anfang vom Ende seiner Zeit bei Bayern München. Das Vertrauen seiner Spieler ihm gegenüber war dahin.

2011 wurde Jupp Heynckes Trainer beim FC Bayern. Heynckes, ein alter Freund von Uli Hoeneß, wurde zunächst als Zwischenlösung tituliert. Heynckes gab sich von Beginn an seinen Spielern gegenüber nicht als imperatorischer Experte. Vielmehr als älterer, erfahrener Freund, der jedoch auch knallhart durchgreift, wenn es in seinen Augen sein muss. Heynckes ließ den Spielern viel Freiraum, appellierte aber auch stets an die Vernunft der Spieler. Zu ihren eigenen Gunsten. Das kam bei den Spielern sofort gut an. Sie fühlten sich ernst genommen und freuten sich, dass ihr Trainer ihnen vertraute. Dadurch wurde dieser einzigartige Flow möglich, der sie bis zum Gewinn der Champions League begleitete. Für Jupp Heynckes war es das Tüpfelchen auf dem I seiner Trainerkarriere. Mit dem Gewinn des wichtigsten und größten Titels auf Vereinsebene die Laufbahn beenden – was Schöneres kann einem Fußballtrainer nicht passieren. Machen Sie's gut, Grandseigneur Heynckes, von Ihnen können noch viele Trainer etwas lernen.

Seit einem Jahr ist Pep Guardiola Trainer in München. Pep Guardiola verfolgt eine ähnliche Linie wie Jupp Heynckes, was den zwischenmenschlichen Aspekt mit seinen Spielern angeht. Vertrauen und Verantwortung werden bei ihm sehr groß geschrieben. Dazu verkörpert er als Taktiker alles, was den modernen Fußball ausmacht. Schnelligkeit, Flexibilität, Stabilität, Technik, Effizienz. Insofern bin ich davon überzeugt, dass der FC Bayern München in den kommenden Jahren weiterhin ein prägendes Team im europäischen Vereinsfußball bleiben wird.

Eines ist jedoch auch klar: Bayerns zukünftige Gegner schlafen nicht. Die Trainer dieser Teams studieren ganz genau die taktischen Feinheiten der Münchner. Und zum Ende der letzten Saison haben wir gesehen, dass die Bayern nicht unschlagbar sind. Zuerst hat Augsburg gegen München gewonnen. Dann der fulminante Auswärtssieg des BVB in der Münchner Allianz-Arena. Insofern nehme ich an, dass die nächste Bundesligasaison an der Tabellenspitze wieder spannender werden wird. Es wird auch darauf ankommen, welches Team das andere besser überraschen kann. Denn bei aller Ballsicherheit und bei aller spielerischen Qualität bleibt die

Überraschung weiterhin ein entscheidendes Merkmal für den Erfolg. Sowohl im Fußball als auch im Beruf und im Privatleben. Darauf können wir vertrauen. Das ist doch schon einmal wunderbar.

Um Ihrem persönlichen Ziel auf vertrauensvolle Art näher zu kommen, sind hier wieder einige konkrete Tipps:

1. Vertrauen Sie vor allem sich selbst und dem, was Sie können. Sie haben Ihre Stärken nicht von ungefähr.

2. Bleiben Sie flexibel. In der heutigen Zeit können sich die Dinge schnell ändern. Mit mentaler Beweglichkeit können Sie mit dem Strom schwimmen, machen aber Ihre eigenen Wellen.

3. Kontrollieren Sie nicht zwanghaft Dinge, die Sie nicht beeinflussen können. Sonst machen Sie sich nur mentalen Stress.

4. Nehmen Sie die Menschen ernst. Vor allem, wenn sie mit Ihnen an einem gemeinsamen Ziel arbeiten. Sie werden Ihnen umso mehr vertrauen. Kontrolle ist ein Zeichen des Misstrauens. Wollen Sie, dass man Ihnen misstraut?

5. Vertrauen Sie dem Weg zu Ihrem Ziel. Kontrollieren Sie sich jedoch selbst dabei, ob Sie das Nötige tun, um es zu erreichen.

6. Akzeptieren Sie Überraschungen. Oder besser noch: Lieben Sie sie. Überraschungen machen das Leben aktiv.

Kapitel 21

Mensch, ärgere Dich dort, wo es hingehört
Von der Gefahr der Willkür im Umgang mit Frustration

*„Dass wir heute verloren haben, ärgert mich noch viel mehr, als dass
ich morgen Geburtstag habe."*
(Jörg Berger)

Nach dem Vertrauen komme ich nun auf heikle Themenfelder zu
sprechen: Ärger, Frustration und Willkür.

Beginnen möchte ich dieses Kapitel auf der Sonnenseite des
Lebens. Denn die Willkür kennen wir auch in positivem Zusammenhang.

Vielleicht erinnern Sie sich an das großartige Bundesligaspiel in der
Saison 2010/11 des 1. FC Köln gegen Bayer Leverkusen, haben
es per Live-Übertragung oder in der Sportschau gesehen. Wenn
Köln gegen den örtlichen Rivalen von der anderen Rheinseite spielt,
herrscht in beiden Städten immer eine besondere Stimmung. Auf
dem Fußballplatz sowieso. Da sich die Erfolge der Kölner gegen
Leverkusen in jüngerer Zeit eher in Grenzen hielten, erschienen die
Ereignisse am 17. September 2011 in der BayArena umso mehr wie
eine Sensation. Denn Köln gewann 4:1. Auswärts. In Leverkusen.
Wenn so etwas passiert, ist man in Köln nah dran, den außerplan-
mäßigen Karneval auszurufen. Das übernahm dann – wie könnte es
anders sein – der ewige Kölner Lukas Podolski. Oder wie man ihn
in Köln nennt: Prinz Poldi. Als Podolski seinen zweiten Treffer in diesem Spiel erzielte, rannte er völlig unbeschwert über den komplet-
ten Platz in Richtung der Kölner Fans, kletterte das Absperrgitter
hoch und stimmte zusammen mit den 5.000 mitgereisten Kölnern
ein Jubellied an. Komplett losgelöst von allen Zwängen des Mo-
ments teilte er seine Freude völlig willkürlich mit allem und jedem,
der ihm begegnete. Wohlgemerkt, das Spiel lief noch. Die Lever-
kusener machten sich schon wieder bereit für den Anstoß. Erst der
Schiedsrichter konnte Lukas Podolski mit großer Eindringlichkeit

bewegen, wieder am Fußballspiel teilzunehmen. Nach einer gelben Karte tat er das dann auch und führte sein Kölner Team zum Erfolg.

Diese Art der positiven Willkür kennen Sie vielleicht auch von sich selbst. Oder von jemandem aus Ihrem Bekanntenkreis, der schon einmal eine starke Leistung vollbracht und es jedem erzählt hat. Egal, ob es den anderen interessierte oder nicht. Da ist er im Ausdruck seines Glück eben: willkürlich. Er will es einfach teilen. Dann ist er in der Regel mit einem breiten Lächeln auf den Lippen unterwegs. Jeder sieht, diesem Menschen geht es gut. Er strahlt jeden an, dem er begegnet. Wenn man mit ihm ins Gespräch kommt, stellt man schnell fest: Er ist voller Euphorie, voller Vertrauen in sich und in das, was kommt. Bestenfalls hat seine gute Laune sogar eine ansteckende Wirkung auf andere Menschen. Dann hat diese Form der Willkür eine sehr positive Wirkung.

Wenn Fußballer ein Tor schießen oder ein Spiel gewinnen, schreien sie ihr Glück gerne willkürlich durch das Stadion, tanzen, machen Saltos, werfen ihre Trikots in die Menge. Sie tun einfach, wonach ihnen gerade ist. Ohne an die Konsequenzen zu denken. Zum Glück. Denn solche wunderbaren Szenen machen den Fußball umso attraktiver und lebendiger. Sie zeigen, dass hochbezahlte, konzentrierte Fußballprofis auch nur Menschen sind. Sie tragen intensive Emotionen mit sich. In solchen Jubelszenen kommt alles zum Ausdruck, was sie bisher unterdrücken mussten. Mich begeistern solche Momente immer wieder.

Weniger erfreulich, weil manchmal genauso intensiv, ist die andere Seite der Willkür. Dann ist die Ursache nicht ein großes Glücksgefühl, sondern Ärger oder Frustration. Auch das kennen wir gut aus dem Fußball. Wenn Spieler frustriert sind, weil sie sich vom Schiedsrichter ungerecht behandelt fühlen oder auch wenn die andere Mannschaft einfach nur besser ist, rasten manche geradezu aus. Sinnlos grätschen sie von hinten in gegnerische Spieler hinein oder lassen sich zu anderen Tätlichkeiten hinreißen. Neben der berechtigten Roten Karte sind manchmal leider auch üble, langwierige Verletzungen der gefoulten Spieler die Folge.

Sie erinnern sich vielleicht noch an das Foul von Kevin Prince Boateng an Michael Ballack im Vorfeld der WM 2010 oder an den Kung-Fu-Tritt von Bremens Torhüter Tim Wiese gegen den damaligen Bayern-Stürmer Ivica Olic. Geradezu legendär im traurigen Sinne ist das Foul von Deutschlands Torhüter Toni Schumacher gegen den Franzosen Patrick Battiston im Halbfinale bei der WM 1982. Battiston musste anschließend mit Wirbelverletzungen, einer Gehirnerschütterung und zwei Zähnen weniger vom Feld getragen werden. Schiedsrichter Charles Corver ahndete seltsamerweise dieses rabiate, eindeutige Foul nicht. Vielleicht ist sich Toni Schumacher auch deshalb heute noch keiner Schuld bewusst. Möglicherweise passierte die Aktion ja auch im Eifer des Gefechts ohne dass er Battiston auf willkürliche Weise zur Seite räumen wollte. Ich will ihm nichts unterstellen. Im Fernsehen sah es jedoch anders aus. Garantiert nicht bewusst war sich der als Hitzkopf bekannte deutsche Torhüter wahrscheinlich, dass er mit dieser Aktion zur ‚Bestie', zum ‚Monster von Sevilla' wurde, wie es in den Medien zu lesen war. Und nicht nur das. Dieses Foul, das offiziell gar keins war, ließ längst tot geglaubte antideutsche Ressentiments wieder aufleben. Kein deutscher Bundeskanzler hätte – selbst mit größter Mühe – so viel Porzellan zertrümmern können. Der Fußballhistoriker Schulze-Marmeling schrieb sogar: „Die Bösewichte der Weltgeschichte sind mit diesem Spiel auch zu den Bösewichten des Weltfußballs geworden."

Da sieht man mal, was Frustration anrichten kann. Und wir sind immer noch beim Sport, wo Menschen gegeneinander spielen.

Auch abseits vom Sport erleben wir es immer wieder, wie Leute ihren Ärger an unbeteiligten Menschen auslassen. Dabei muss das gar nicht sein, wenn man anfängt, an sich selbst zu arbeiten. Dafür sind Ärger und Frust sogar ein nützliches Signal. Sie zeigen uns, dass etwas nicht stimmt, dass unser Alltag nicht zu unseren Wünschen passt. Dann ist es höchste Zeit, etwas zu ändern. Entweder an unserer Einstellung den Dingen gegenüber oder an unserem Alltag. Denn durch die Wahrnehmung unseres Alltags entsteht erst unser Ärger. Nicht durch den Alltag selbst. Wie wir Ereignisse bewerten, bestimmt unser Denken und unser Fühlen. Oft handelt es sich dabei um stressfördernde Denkmuster, z.B. wenn Sie immer alles perfekt oder jedem recht machen wollen. Oder wenn Sie ständig mit den Dingen hadern, weil sie nicht so sind, wie Sie es gerne hätten. Solche Denkmuster heizen den Ärger nur weiter an. Insofern lautet die Devise: Nicht ärgern, sondern wundern. Und vor allem: Konkret die Dinge ändern, die sich ändern lassen und die Dinge annehmen, die sich nicht ändern lassen.

Nehmen Sie den Fußball als Beispiel. Erhält ein Spieler wegen einem willkürlichen Frustfoul die Rote Karte, muss er den Platz verlassen. Damit ist er nicht nur selbst aus dem Spiel, sondern schwächt auch sein Team. Daran kann er in diesem Moment nichts ändern. Selbst wenn er es noch sehr wollte. Er kann jedoch nach vorne gerichtet einiges ändern. Er kann sich selbst hinterfragen, warum er im Affekt so destruktiv reagiert hat. Dadurch kann er selbstbewusster und gelassener werden. Er kann zusammen mit dem Trainer und seinen Kollegen analysieren, warum die Mannschaft überhaupt in die Lage geriet, auf dem Platz frustriert zu sein. Sind die Schwachstellen gefunden – ob nun taktischer, persönlicher oder anderer Art – lassen sich Konzepte für die Zukunft entwickeln, um solche Situationen zu vermeiden. Ein Rückstand lässt sich im Fußball nicht komplett verhindern. Auch Situationen, in denen sich Spieler ungerecht behandelt fühlen, lassen sich nicht völlig verhindern. Wie sie damit umgehen, lässt sich hingegen sehr wohl trainieren. Sich spontan über etwas zu ärgern, muss manchmal vielleicht sogar sein. Auch den Frust im Affekt hinauszuschreien. Es wirkt dann wie ein Ventil. Entscheidend ist, wie wir auf längere Sicht unsere Frustrationen in positivere Bahnen lenken. Denn Ärger und Frust haben eine Menge Energie. Wenn Sie wüssten, wir sehr uns diese Energie nützen kann.

Stellen Sie sich Ihren Kopf wie einen Computer vor, bei dem sehr viele Programme geöffnet sind. Die Rechenleistung wird langsamer, der Arbeitsspeicher ist überlastet. Es laufen zu viele Dienste parallel zu Ihrer Haupttätigkeit. Diese unnötigen Dienste nennen sich Ärger und Frustration. Es geht darum, sie abzuschalten, am besten dauerhaft zu entfernen. Dann werden Ihre Motivation, Gelassenheit und Konzentration wieder merklich zunehmen. Denn das sind Ihre Hauptprogramme. Nicht der Ärger und die Frustration. Die sind Spam.

Durch mentales Training, Entspannungsübungen, Sport und vor allem mit dem konkreten Anpacken von Herausforderungen können Sie solche Stressfaktoren in konstruktive Denkweisen umwandeln. Daraus entsteht mentale Stärke. Dann können Sie – wie der Fußballer sagen würde – Ihre mentalen Fähigkeiten auf den Platz bringen. Also dort, wo es darauf ankommt. In Ihrem Alltag. In Ihrer Partnerschaft. In Ihrem Beruf. Hin zu Ihrer Gelassenheit. Hin zu Ihrem Glück.

Hier sind einige nützliche Tipps, wie Sie Ärger in Gelassenheit und Frustration in Konzentration umwandeln können:

1. Wenn Sie verärgert sind, atmen Sie einige Male tief durch. Sie werden automatisch entspannter.

2. Sind Sie wegen einem bestimmten Menschen verärgert? Dann sprechen Sie mit diesem Menschen darüber. Drücken Sie Ihre eigenen Bedürfnisse sachlich aus und klären Sie die Konflikte, die sich dahinter verbergen.

3. Erforschen Sie ihren Ärger. Was steckt dahinter? Gehen Sie Ihren Emotionen auf den Grund. Das schafft Platz in Ihrem Kopf. Vielleicht sind Sie aktuell auch einfach überlastet? Dann gönnen Sie sich etwas, was Ihnen Freude bereitet.

4. Konzentrieren Sie sich auf das, was Sie ändern können. Es nützt Ihnen nichts, sich über Umstände zu ärgern, die so sind, wie sie sind. Das ist Energieverschwendung. Die Dinge anzupacken, auch bei sich selbst, ist viel effektiver und löst den Stress auf.

5. Erinnern Sie sich daran, was Sie schon alles im Leben geschafft haben. Auch an Situationen, für die Sie dankbar waren und an tolle Menschen, die Ihnen begegnet sind. Damit schaffen Sie sich einen mentalen Anker und spüren, dass Sie es drauf haben.

6. Achten Sie auf eine gesunde Work-Life-Balance. Was haben Sie davon, wenn Sie rund um die Uhr arbeiten, den Erfolg aber nicht genießen können. Verbringen Sie auch Zeit mit Ihrem Partner und Ihren Freunden. Es setzt neue Energien frei.

7. Lassen Sie Ihren Frust nicht an unbeteiligten Menschen aus. Sie können nichts dafür. Umgekehrt wollen Sie das auch nicht.

8. Sehen Sie es mit Humor. Unsere Welt ist voll von Ironie.

Kapitel 22

Von Laisser-faire bis Dominanz
Verschiedene Führungsstile im Spiegel unseres beruflichen und zwischenmenschlichen Alltags

„Ich werde Euch bis zum Tod verteidigen, aber ich kann Euch auch sagen, dass ich sehr viel von Euch verlangen werde, genauso viel wie von mir selbst."

(Pep Guardiola zu seinen Spielern)

Was macht einen guten Trainer aus? Erfolg? Persönlichkeit? Kompetenz? Wir neigen dazu, Trainer an Titeln messen zu wollen: Del Bosque, Ferguson, Guardiola, Heynckes, Hitzfeld, Klopp, Mourinho – das sind nur einige Namen, die einem als Meistermacher in den Sinn kommen.

Der langjährige Trainer von Manchester United, Sir Alex Ferguson, ist aufgrund seiner Verdienste um den englischen Fußball von der Queen sogar zum Ritter geschlagen worden. Mit u.a. zwölf englischen Meisterschaften, zwei Erfolgen in der UEFA Champions League und zwei Auszeichnungen zum Welt-Klubtrainer des Jahres zählt Ferguson zu den erfolgreichsten Trainern aller Zeiten.

José Mourinho gehört trotz seines relativ jungen Alters bereits zur Spitze der Top-Trainer in der Fußballwelt. Neben insgesamt sieben Meisterschaftstiteln in vier Ländern und zwei Siegen in der UEFA Champions League ist er mit vier Auszeichnungen Rekordhalter als Welt-Klubtrainer des Jahres.

Sind Trainer wie Hecking, Klinsmann, Löw oder Tuchel weniger gut, weil sie keine Titel zu verzeichnen haben? Im Sport wird Erfolg an Titeln gemessen, das ist keine Frage. Insofern ist Erfolg hier auch leichter zu definieren. In unserem privaten und beruflichen Alltag geht es hingegen noch um andere Dinge. Für das Glücklichsein, für Gelassenheit, für innere Freude gibt es keine Pokale und keine Meisterschalen. Hier geht es auch um Nachhaltigkeit und die sogenannten weichen Stärken.

Wie Sie aus dem beruflichen Alltag und der Wirtschaftswelt wissen, können Personen in Führungspositionen auf ganz unterschiedliche Art und Weise mit Mitarbeitern umgehen. Denken Sie an den kleinlichen Ausbilder in Betrieben, der seine Lehrlinge zur Perfektion zwingt oder an manche Lehrer in der Schule, die ihre Schüler an der langen Leine lassen. Jeder Führungsstil beeinflusst gleichermaßen auf dem Platz wie auch am Arbeitsplatz sowohl die Leistung als auch die Motivation und die Zufriedenheit der Arbeitnehmer.

Grundsätzlich lassen sich in diesem Zusammenhang drei Stile unterscheiden.

Der **autoritäre Führungsstil** ist geprägt durch eindeutige hierarchische Strukturen, klare Rollenverteilungen und Befehlsketten. Anweisungen werden durch den Vorgesetzten erteilt, die Wünsche der Mitarbeiter nach Zufriedenheit und Selbstverwirklichung werden dabei vernachlässigt. Diesen Stil finden Sie durchaus im Fußball. Werner Lorant, der langjährige Trainer von 1860 München war berühmt-berüchtigt für seinen fast diktatorischen Führungsstil – und damit recht erfolgreich. Louis van Gaal wird nicht umsonst als „General" bezeichnet. Auch Felix Magath lässt nur ungern Zweifel aufkommen, wer Herr im Hause des Vereins ist, den er trainiert.

Die Aufgabenorientierung, ausgerichtet auf Ziel- und Leistungserfüllung, kann einerseits zu guten Kontrollmöglichkeiten, eindeutigen Arbeitsabläufen und damit einhergehendem Erfolg führen, andererseits leidet jedoch die Motivation der Mitarbeiter deutlich unter einer derart eingeschränkten Freiheit und einem förmlichen Gehorsamkeitszwang. Hier heißen die Leitlinien z.B. „Vertrauen ist gut, Kontrolle ist besser" und „Für den Erfolg ist alles erlaubt, außer zu widersprechen." In solchen Unternehmen ist es auch oft üblich, dass die einzelnen Mitarbeiter nur über ihre eigenen Aufgabenbereiche informiert sind. Führung bedeutet vor allem Ausführung. Austausch gibt es eher selten.

Der **kooperativ-demokratische Führungsstil** zeichnet sich insbesondere durch die Personenorientierung der Führung aus. Mitarbeiterinteressen werden deutlich stärker berücksichtigt. Arbeitnehmer dürfen an Entscheidungen beratend mitwirken oder diese auf demokratischer Basis selbst treffen. Eine derart gelebte offene Kommunikation führt zu sachlichen oder lebhaften kreativen Diskussionen, die den Vorgesetzten bei seiner Arbeit unterstützen und entlasten. Durch die aktive Mitwirkung der Arbeitnehmer am Entscheidungsprozess werden sowohl die Motivation, als auch die Verbundenheit zum Unternehmen und durch die Verteilung der Verantwortung auch die Leistungsbereitschaft gefördert.

Ein gutes Beispiel für solche kooperativen Arbeitsweisen ist aktuell der FC Bayern München. Hier besteht kein Zweifel, wer finale Entscheidungen trifft, wenn es um die Taktik und die Mannschaftsaufstellung geht. Das macht der Trainer. Völlig klar. Pep Guardiola ist jedoch kein Herrschertyp. Er nimmt seine Spieler lieber in die Verantwortung als aus dem Kader, wenn sie einmal aufmucken sollten. Beim demokratischen Führungsstil werden die verschiedenen Aufgaben nicht einfach von oben verteilt, sondern die Mitarbeiter mit ins Boot geholt. Damit sollen sie ihre persönlichen Stärken einfließen lassen sowie kreativ und eigenständig zum Gelingen beitragen können. Dadurch schaffen Sie als Vorgesetzter nicht nur Transparenz, sondern nehmen Ihre Mitarbeiter auch außerhalb ihrer Funktion ernst, für die sie bezahlt werden. So können Sie wiederum auf eine höhere Akzeptanz durch Ihre Mitarbeiter hoffen.

Eine interessante Verfahrensweise, wie man Mitarbeiter ins gemeinsame Boot holt bzw. noch enger zusammenrücken lässt, war auch jüngst in Dortmund zu beobachten. Nach den beiden Meisterschaften 2011 und 2012 optimierte der Vereinsboss Hans-Joachim Watzke mit den Mitarbeitern, Aktionären und Sponsoren den BVB in allen Bereichen. Schließlich wollte Borussia Dortmund endlich auch in der Champions League ein entscheidendes Wort mitreden. Dazu gehörte auch der neue Vereinsslogan „Echte Liebe." Echte Liebe ist nur echte Liebe, wenn man sie entsprechend mit Taten füllt. Das weiß man auch in Dortmund. Deshalb lieferte Trainer Jürgen Klopp seinen Spielern das passende Konzept dafür. Denn sie müssen es schließlich auf dem Platz umsetzen. Es handelt sich um eine Art Leitprogramm, wie man es auch in der Wirtschaftswelt kennt. Es heißt „Unser Versprechen" und besteht aus folgenden sieben Kernsätzen:

Unser Versprechen:

1. Bedingungsloser Einsatz
2. Leidenschaftliche Besessenheit
3. Zielstrebigkeit unabhängig vom Spielverlauf
4. Jeden zu unterstützen
5. Sich helfen zu lassen
6. Jeder stellt seine Qualität zu 100 Prozent in den Dienst der Mannschaft
7. Jeder übernimmt Verantwortung

Echte Liebe!

Mit diesem Leitprogramm haben die Dortmunder sozusagen alles richtig gemacht. Damit begeisterte Jürgen Klopp sein Team. Jeden Tag im Training. Damit begeisterten die Spieler ihre Fans. Jedes Wochenende auf dem Platz. So schaffte Dortmund wieder die Qualifikation zur Champions League. So erreichten sie 2013 das Champions-League-Finale und hätten auch gut gegen Bayern gewinnen können, wenn sie ihre Chancen genutzt hätten.

Wenn Sie ein Projekt mit einem kooperativen Ansatz umsetzen möchten, kann ich Jürgen Klopps Versprechen nur weiterempfehlen. Nicht nur für den Fußball. Auch für den Alltag, in zwischenmenschlichen Beziehungen und für die Wirtschaftswelt. Diese sieben Kernsätze beinhalten Begeisterung, Einsatz, Zusammenhalt, Willen und Verantwortung – die besten Voraussetzungen für mentale Stärke auf individueller und auf Mannschaftsebene.

Zuletzt ist der **Laisser-faire-Führungsstil** zu nennen. Dieser Stil wird charakterisiert durch völlige Freiheit für die Mitarbeiter. Hierbei tritt der Vorgesetzte kaum oder gar nicht in Erscheinung, die Arbeitnehmer werden sich selbst überlassen, ohne sie festen Regeln zu unterwerfen. Es gibt sogar Betriebe, in denen die Mitarbeiter ihre Gehälter selbst festlegen. Diese Freiheit kann einerseits zu höherer Kreativität und Motivation führen. Andererseits besteht die hohe Gefahr von Orientierungs- und Disziplinlosigkeit, da Mitarbeiter durch das Fehlen eines anführenden Vorgesetzten kein Feedback erhalten und damit weder in ihrer Arbeit bestätigt, noch auf ein Ziel ausgerichtet werden.

Wie Sie sich denken können, wird man diesen Führungsstil eher in kreativen Unternehmen als auf dem Fußballplatz finden. Denn stellen Sie sich eine Fußballmannschaft vor, deren Kader aus 23 Spielern besteht und die sich selbst trainieren oder gar aufstellen müsste. Da nur elf Spieler gleichzeitig auf dem Platz stehen dürfen, jedoch alle spielen möchten, entsteht Rivalität, eine Unordnung, die ohne einen objektiven und entscheidungsfähigen Trainer nur schwer bewältigt werden kann.

Im beruflichen Alltag verhält es sich ähnlich: Wer darf die interessantesten Projekte angehen? Wer muss hingegen Kaffee kochen? Außenseiter werden in einem solchen System schnell benachteiligt. Grüppchenbildung wird provoziert.

Die Herausforderung für eine moderne Führungskraft besteht darin, eine optimale Mischung zwischen Aufgaben- und Personenorientierung zu schaffen.

Während die Führungskraft einerseits das Team und dessen Aktivitäten zielführend, d.h. auf den Erfolg ausrichten muss, darf sie die Zufriedenheit der Spieler und das Klima innerhalb der Gruppe in keinem Fall außer Acht lassen. Auf besondere Art und Weise besteht in einer Mannschaft eine Wechselabhängigkeit zwischen der Führungskraft und seinem Team. Erst ein konstruktives, authentisch fühlbares Miteinander, fokussiert auf ein klar definiertes Ziel macht den Erfolg möglich.

Vertrauen und Verantwortung schaffen eine entsprechend hohe Motivation nach dem Motto „Gemeinsam sind wir stärker als alleine." Persönliche Eitelkeiten geraten idealerweise in den Hintergrund, bleiben jedoch für das Erreichen des Ziels ein hoher Gefahrenfaktor. Vor allem dann, wenn ein eigentlich erwarteter Erfolg, basierend auf hohem Engagement, längere Zeit ausbleibt. Dann kann es sein, dass sich jeder schnell selbst der Nächste ist. Grundsätzlich kann man dafür niemandem einen Vorwurf machen - jedenfalls solange er nicht selbst bewusst zum Scheitern beigetragen hat - dann geht es um urmenschliche Eigenschaften wie z.B. den Überlebenstrieb.

Die große Frage, die sich stellt, lautet: Was ist der perfekte Führungsstil? Wie können Sie als Führungspersönlichkeit erfolgreich mit Ihrem Team auf Dauer zusammen arbeiten?

Meine Antwort ist: DEN richtigen Führungsstil gibt es nicht. Wie so oft im Leben gilt es vielmehr, den goldenen Mittelweg zu finden. Vor allem gilt es, Ihren eigenen Weg zu finden, der sowohl zu Ihnen als auch zu Ihren Mitarbeitern und zum gemeinsamen Projekt passt. Priorität sollte dabei durchaus Ihre eigene Persönlichkeit haben. Nur wenn Sie authentisch sind, werden Sie ernst genommen. Und nur wenn Sie ernst genommen werden, sind Ihre Mitarbeiter auch nachhaltig bereit, sich voll zu engagieren. Weil sie es wollen. Nicht nur, weil sie es müssen.

Sie haben sicherlich festgestellt, dass die erfolgreichsten Trainer der Fußballwelt nur schwerlich über einen Kamm zu scheren sind. Denken Sie nur an José Mourinho. Während seine Spieler ihn als freundschaftlichen Trainer beschreiben, der sich stets väterlich vor seine Mannschaft stellt, den Druck von ihr nimmt, gleichzeitig ehrgeizig und verbissen arbeitet, wirkt er in der Öffentlichkeit oft kühl, distanziert, unnahbar, arrogant. Bei Aussagen wie „Ich habe nicht gesagt, dass ich der Beste bin. Ich kenne nur keinen Besseren" ist es wahrlich nicht verwunderlich, dass Mourinho ein eher negatives Bild in der Presse provoziert.

Das vermeintliche Gegenteil dazu stellt Jürgen Klopp dar. Der oft als Spaßtrainer titulierte Coach gilt als cool, sympathisch, extrovertiert, authentisch; als jemand, der seinen Verein als charismatische Identifikationsfigur vertritt. Seine Spieler duzen ihn, Kloppo ist für viele ein Kumpel, der seinen Jungs, wie er seine Mannschaft nennt, wie ein guter Freund verständnisvoll zur Seite steht. Seine Spieler lieben ihn. Nicht nur, weil er immer für sie da ist, sondern, weil er auch in aufkommenden Krisensituationen wirkungsvolle Maßnahmen ergreift ohne die Spieler herabzuwürdigen. Im Gegenteil: Er packt sie bei ihrer Verantwortung und Begeisterung >> „Unser Versprechen."

Trotz der vermeintlich großen Unterschiede in der Außenwirkung oder dem Umgang mit den eigenen Spielern, handelt es sich bei den Beiden um Trainer, die den Erfolg der Mannschaft über alles stellen, die verbissen, fokussiert und ehrgeizig arbeiten und dabei probieren, jeden Spieler individuell zu fördern, zu fordern und zu verbessern. So kumpelhaft Klopp wirken mag, so rigoros geht er mit Abweichlern von seinem Konzept um. Auch als empathischer Trainer haben Sie die Aufgabe, ihr Team konsequent auf den Erfolg auszurichten.

Im Kern zeigt sich hier der Leistungsanspruch, der an eine Mannschaft, eine Abteilung, ein Projektteam gestellt werden sollte. Letzten Endes muss das Ergebnis stimmen. Auch wenn Sie der freundlichste Vorgesetzte sind, müssen Sie dennoch darauf achten, dass die angenehme Arbeitsatmosphäre nicht missbraucht wird. Ein lockeres Klima innerhalb der Abteilung kann auch zu einer entsprechenden Arbeitseinstellung führen. Dennoch gilt es, Ziele zu erreichen, Projekte umzusetzen, Vereinbarungen und Deadlines einzuhalten, zum Erfolg des Gesamtunternehmens beizutragen: Die Arbeitsqualität und damit die Erfüllung der Kundenwünsche dürfen in keinem Fall unter den Freiheiten leiden, die Sie Ihren Mitarbeitern einräumen.

Andererseits können, wie bereits erwähnt, zu enge Regeln und Leitlinien auch zum Missmut beitragen, da die Mitarbeiter jeglicher Motivation und Kreativität beraubt werden. Erinnern Sie sich nur an die Amtszeit von Louis van Gaal beim FC Bayern München. Der kreative Kopf der Mannschaft, Franck Ribéry, der in den Jahren zuvor aufgrund vieler Freiräume durch seine Spielweise zum Erfolg des deutschen Rekordmeisters beigetragen hatte, wurde unter der strengen Hand van Gaals jeglicher Freiheiten beraubt. Er hatte versucht, den spielfreudigen Franzosen in ein zu starres Konzept zu zwängen.

Sie müssen sich darüber im Klaren sein, dass jede Handlung, jede Ansprache, Ihr gesamter Umgang mit den Spielern, diese in Ihrem Verhalten entscheidend beeinflusst. Wie viele Freiheiten lassen Sie Ihrer Mannschaft, Ihren Mitarbeitern? Wollen Sie Kreativität, Leistungsbereitschaft und Motivation fördern oder wollen Sie die totale Kontrolle über das Geschehen behalten, in dem Sie Prozesse vorgeben und eindeutige Regeln setzen? Wie üben Sie Kritik? Welches Maß an eigenständiger Arbeit trauen Sie ihrem Team zu? Gehen Sie auf Ihre Spieler ein, um deren Bedürfnisse zu erfüllen? Diese und weitere Fragen müssen Sie sich unter anderem stellen, um Ihren persönlichen Stil zu finden und die Kernaspekte der Mitarbeiter- und Teamführung zu berücksichtigen.

Ein weiterer Schlüssel des Erfolges Ihrer Mannschaft oder Ihres Unternehmens ist wie bereits erwähnt ihre persönliche Autorität. Diese erlangen Sie einerseits über Ihre fachliche Kompetenz (Sachautorität), über Ihr Auftreten, Ihr Charisma (Persönlichkeitsautorität) oder Ihre hierarchische Position (Amtsautorität).

Dabei dürfen Sie auf keinen Fall das Ziel aus den Augen verlieren. Als Führungspersönlichkeit, sei es auf oder neben dem Platz, sind Sie für das Endresultat, den Erfolg verantwortlich. Bei aller Sympathie für die Spieler, Ihre Mitarbeiter, Ihre Kollegen, gilt es, zu jeder Zeit die Kontrolle und den Überblick über den aktuellen Status ihrer Arbeit zu haben. Bei aller Zielorientiertheit, gilt es dennoch, sympathisch, authentisch und vor allem glaubwürdig zu bleiben.

Finden Sie Ihren eigenen Stil. Niemand wird Ihnen sagen können, was der perfekte Führungsstil ist. So unterschiedlich die Trainer im

Fußball sind, so verschieden sind auch die Führungspersönlichkeiten in der Wirtschaftswelt und im Privatleben. So ungleich Jürgen Klopp und José Mourinho auch sind, mit ihrer eigenen Art sind beide mit ihren Teams erfolgreich.

Sie müssen Ihre Spieler, Ihre Angestellten, Ihre Kollegen immer wieder aufs Neue erreichen können. Zeigen Sie Begeisterung für ihr Wirken und arbeiten Sie immer auf den Erfolg und das Erreichen Ihrer gemeinsamen Ziele hin.

Für Ihre persönliche Akzeptanz und Autorität habe ich abschließend sieben konkrete Tipps zusammengefasst:

1. Zeigen Sie sich verlässlich und glaubwürdig.

2. Gestehen Sie eigene Fehler ein. Dadurch gewinnen Sie die Akzeptanz des Teams aufgrund Ihrer Persönlichkeit und legen die Weichen für ein konstruktives Miteinander.

3. Pochen Sie bei Unklarheiten nicht nur auf ihren Rang, wenn sie der Chef sind. Verdeutlichen Sie die Verantwortung, die Sie tragen, und die Ziele, die Sie verfolgen. Nennen Sie Gründe statt Titel. Zeigen Sie Perspektiven statt Eitelkeiten.

4. Vergessen Sie dennoch nicht, Ihre Arbeit und Ihre Führungsmethoden stets kritisch zu hinterfragen und sich selbst weiterzuentwickeln.

5. Versprechen Sie Ihren Mitarbeitern nur das, was Sie auch halten können. Dasselbe gilt gegenüber Ihren Kunden.

6. Sparen Sie nicht mit Lob und Anerkennung. Scheuen Sie sich auch nicht vor konstruktiver Kritik und lösungsorientierenden, klärenden Gesprächen.

7. Bleiben Sie Ihrem Stil treu, anstatt bei der kleinsten Unsicherheit vom Kurs abzuweichen.

Kapitel 23

Raus aus der Komfortzone
**Von Auswärtsspielen im täglichen Leben und warum das
Wunderbare dort passiert, wo man noch nicht war**

*„Wenn bei einem Auswärtsspiel keiner ruft: Kirsten, Du Arschloch,
dann weiß ich, dass ich schlecht bin."*
(Ulf Kirsten)

Kennen Sie die sogenannte Komfortzone? Klar kennen Sie die.
Es ist Ihre eigene Welt, durch die Sie sich täglich bewegen. Sie
beginnt morgens beim Aufstehen aus Ihrem Bett mit Ihren üblichen
Ritualen. Oder sagen wir Gewohnheiten: Gähnen, Zähneputzen,
Frühstücken, Frühsport…

Die Komfortzone beschreibt Ihren üblichen Tagesablauf an den
Orten, die Sie kennen, mit den Menschen, die Ihnen vertraut sind.
Zur Komfortzone gehören auch Ihre Gewohnheiten und Ihre Denkmuster. Also im Wesentlichen das, wodurch Sie der Mensch
geworden sind, der Sie sind.

Fußballspieler haben natürlich auch ihre persönliche Komfortzone.
Ihr Verein stellt ihnen daneben noch eine kollektive Komfortzone
bereit. Wenn ein Fußballprofi zum täglichen Training fährt, weiß er in
der Regel, was ihn dort erwartet. Es sein denn, der Verein ist aktuell
sehr erfolgreich oder sehr erfolglos. Dann sollte ein Fußballprofi mit
Überraschungen rechnen. Das kennen Sie wahrscheinlich auch aus
Ihrem Berufs- oder Privatleben.

Das Schöne an der Komfortzone ist: Da weiß man, was man hat.
Es tut ja auch zweifelsohne gut, nach einem harten Arbeitstag nach
Hause zu kommen, durchzuatmen und zu entspannen. Wir legen
uns auf die Couch, die wir gut kennen, während sie uns wahrscheinlich noch besser kennt als wir sie. Dann legen wir die Füße
hoch. So wie wir es immer machen. Da fühlen wir uns wohl. Da sind
wir zuhause. Und wir wissen, es passiert wie immer: nichts. Am

nächsten Morgen dieselben Rituale. Es geht wieder auf die Reise durch unsere Komfortzone. Morgen auch. Übermorgen ebenfalls. Auch dann wird wieder nichts passieren. Bis wir schließlich den letzten Winkel dieser Zone kennen. Dann tritt etwas ein, womit wir nicht rechnen: Nämlich überhaupt nichts.

Möglicherweise kennen Sie diese Denk- und Verhaltensprinzipien bereits. Wenn nicht, schauen Sie einmal in sich hinein. Es ist interessant.

Während wir arbeiten und unseren Alltag bestreiten, tragen viele von uns Träume mit sich herum. Gerne denken wir daran, wie wir spontan etwas ganz anders machen als sonst. Wie wir uns auf neues Terrain begeben, wie es die Leidenschaft in uns weckt; wie wir Dinge ausprobieren, die wir noch nie gemacht haben. Wenn Sie auch so jemand sind, freuen Sie sich. Sie haben viel Neugier und Energie in sich.

Manche von uns begleiten auch Gedanken, für die sie keinen Ausdruck finden; Gefühle, die sie nicht einordnen können. Gerne würden wir dem auf den Grund gehen, aber irgendetwas hält uns davon ab. Dann haben wir doch keine Zeit dafür oder sorgen dafür, Wichtigeres zu tun zu haben. Letztlich finden wir es in Ordnung, so wie es ist. Wir haben uns damit arrangiert, unsere Komfortzone nicht zu verlassen.

Stellen Sie sich einmal vor, ein Fußballprofi oder ein ganzer Fußballverein würde seine Komfortzone nicht mehr verlassen. Das würde bedeuten, der FC Bayern München würde nur noch Heimspiele austragen. Oder Toni Kroos würde nur noch in der Allianz Arena spielen. Denn die kennt er. Dort weiß er, was ihn erwartet. Er kennt die Platzverhältnisse. Er weiß, was auf der Tribüne passiert. Er kann sich sogar darauf einstellen, was nach einem Spiel passiert. Ob nun gewonnen oder verloren, beides hat er schon oft genug dort erlebt.

Wie glauben Sie, würde sich die Formkurve von Kroos entwickeln? Richtig, sie würde abfallen. Spätestens nach drei Monaten wäre er ein Schatten seiner selbst. Sein Verhalten auf dem Platz würde ebenso berechenbar und statisch werden wie sein Wissen um die Verhältnisse in der Allianz Arena. In seiner Komfortzone.

Sicher, dieses Beispiel würde in der Realität nie eintreten. Laut dem Regelwerk der Bundesliga wäre es zwar möglich, denn es steht nirgends geschrieben, dass ein Profi auch auswärts spielen muss, aber alleine schon Matthias Sammer würde Toni Kroos ordentlich Beine machen. Da können Sie sicher sein. Abgesehen davon sind die meisten Fußballprofis auch nicht die Typen für solche Anwandlungen. Im Gegenteil, sie lieben es auch auswärts zu spielen. Sie mögen es, unbekanntes Terrain zu betreten, um herauszufinden, wie sie sich behaupten. Sie lieben diesen Kick. Oliver Kahn war dafür ein gutes Beispiel. Je lauter die Schmähgesänge gegnerischer Fans in seine Richtung wurden, desto besser wurde er. Ulf Kirsten drückt diese Liebe an der Herausforderung mit seinem Zitat am Anfang des Kapitels sehr plastisch - wenn auch etwas drastisch - aus.

Denken Sie an das Spiel von Schalke 04 im letztjährigen Champions-League-Achtelfinale bei Galatasaray Istanbul. Das dortige Stadion gilt als das lauteste Stadion der Welt, als sogenannter Hexenkessel. Die Fans von Galatasaray nennen es selbst sogar die Hölle. Und was machten die damals krisengebeutelten Schalker? Während sie in der heimischen Veltins-Arena kaum ein Bein auf den Boden brachten, bestachen sie auswärts in der Hölle von Istanbul mit einer beeindruckenden Leistung. Außerhalb ihrer Komfortzone legten sie plötzlich all die Eigenschaften an den Tag, die sie in den Wochen vorher vermissen ließen: Konzentration, Teamgeist, Ballsicherheit, Einsatzbereitschaft. Damit kamen sie zu einem starken 1:1. Obwohl sie schon früh 0:1 zurücklagen und die Hölle von Istanbul - an Lautstärke gemessen - ihrem Namen alle Ehre machte. Aber die Schalker ließen sich nicht verunsichern. Im Gegenteil. Je lauter die Istanbuler Fans wurden, desto besser wurden Draxler, Höwedes & Co. Sie fühlten sich herausgefordert. Auf unbekanntem Terrain schafften sie es, sich ihrer Qualitäten zu besinnen und ihre Fähigkeiten auf den Rasen zu bringen.

Das ist das Wunderbare, das außerhalb der Komfortzone passiert.
Und zwar nur dort. Denn nur dort ist es eine echte Herausforderung.
Und vor allem ist es eine wunderbare Lernerfahrung.

Sie kennen dieses Prinzip auch aus anderen Lebensbereichen,
wenn Menschen zu Höchstform auflaufen. Vielleicht auch von sich
selbst. Meistens entfalten sie ihre Fähigkeiten in hohem Maß eben
nicht dort - wie man vermuten könnte - wo sie schon alles kennen.
Sie tun es dort, wo sie neu sind, wo sie nicht schon wissen, was
passiert, wenn sie etwas tun, was sie schon immer taten.

Denken Sie an den berühmten Spruch „Wer eine Reise tut, der kann
was erleben." Auch hier trifft es zu: Das Überraschende passiert
in der Fremde. Nicht zuhause. Ich bin viel unterwegs. Auf Reisen
erlebe ich immer wieder amüsante, skurrile, überraschende Situationen und mache erstaunliche Begegnungen mit spannenden
Menschen. Einerseits liegt es in der Natur der Sache. Denn diese
Menschen sind ja auch unterwegs. Sie kommen nicht extra in mein
Büro, um mich kennenzulernen. Aber ich darf dann auch immer
wieder feststellen, wie mich das Unerwartete lebendig hält. Es hält
mein Denken vital, wenn z.B. jemand aus einem anderen Kulturkreis
auf mein Verhalten ganz anders reagiert als wie ich es aus meiner
Komfortzone kenne. Manchmal irritiert es mich auch anfangs –
zugegebenermaßen – anschließend bin ich jedoch immer sehr froh
darüber. Denn wieder habe ich etwas Neues gelernt. Wieder bin ich
mental einen Schritt weitergekommen.

Deshalb möchte ich Sie auch dafür begeistern, Ihre Komfortzone
öfters einmal zu verlassen. Betreten Sie ruhig unbekanntes Terrain.
Ob nun räumlich oder beruflich oder wie auch immer, wagen Sie
sich an Neues.

Wie die Uhren bei sich selbst ticken, wissen Sie doch schon.
Schlagen Sie ruhig das nächste Kapitel in Ihrem Leben auf. Auch
wenn Sie noch nicht wissen, was darin genau steht. Tun Sie Dinge,
die Sie schon immer einmal machen wollten, für die sie aber bisher
keine Zeit hatten. Denn seien Sie ehrlich mit sich: Wenn Sie etwas

wirklich wollen, dann nehmen Sie sich doch die Zeit dafür. Das kennen Sie doch auch von sich.

„Auswärtsspiele" machen den Weg zu Ihrem Ziel umso interessanter. Sie wecken Ihre Fähigkeiten effektiver als wenn Sie sich nur in Ihrer Komfortzone bewegen. Sie machen Ihr Leben dynamischer und bringen neue Anregungen. Überraschende Erfolge werden Sie obendrein umso mehr motivieren als dort, wo Sie es erwarten und wo andere es von Ihnen erwarten. Denken Sie an Schalke 04 in Istanbul.

Was haben Sie zu verlieren? In Ihre Komfortzone können Sie jederzeit zurück. Und Heimspiele kann doch jeder.

Wenn Sie wüssten, wie wunderbar es außerhalb Ihrer Komfortzone sein kann. Probieren es doch einfach aus. Dann wissen Sie es.

Kapitel 24

Laute Stars und stille Stars
Über Leistungsträger und die Menschen, ohne die sie keine wären

„Kameradschaft ist, wenn der Kamerad schafft."
(Mehmet Scholl)

Im ersten Teil des Buches haben Sie schon über den Weg des kleinen argentinischen Jungen mit Hormonstörung zum Weltfußballer gelesen. Natürlich schießt Messi seine Tore heute selbst. Auf der anderen Seite wurde seine beeindruckende Karriere nur durch die Unterstützung der Menschen in seinem Umfeld überhaupt erst möglich. Nur mit ihrem Engagement konnte Messi durchstarten.

Die stillen Stars im Hintergrund sind absolut mitentscheidend für individuelle und mannschaftliche Erfolge. Dafür müssen Sie nicht einmal Weltfußballer werden. Stille Stars gibt es schon in der Kreisliga. Ehrenamtliche Jugendtrainer, Betreuer, Zeugwarte, bis zu hin zu den Eltern von E-Jugendlichen, die ihre Kinder zu den Auswärtsspielen fahren. Sonst könnten sie dort gar nicht spielen.

Auf professioneller Ebene ist Hermann Rieger ein eindrucksvolles Beispiel für einen stillen Star im Hintergrund. Rieger war 26 Jahre lang Physiotherapeut beim Hamburger SV. Selbst für einen stillen Star ist das im schnelllebigen Bundesligageschäft eine Ewigkeit. Nicht nur, wenn die Spieler über Muskelverspannungen klagten, machte Rieger sie wieder fit, er stand den Profis auch jahrzehntelang bei mentalen und privaten Herausforderungen mit Rat und Tat zur Seite. Seine Kompetenz und Loyalität ließen ‚Hermann the German‘, wie sie ihn nannten, schließlich zu einer HSV-Ikone werden. Als er vor einigen Jahren nach einem Bundesligaspiel in den Ruhestand verabschiedet wurde, bekam er von 50.000 Fans im Stadion minutenlang stehende Ovationen. Nie zuvor war einem Masseur ein solch emotionaler Abschied bereitet worden. Und damit nicht genug. Zu Riegers Ehren heißt das heutige HSV-Maskottchen ‚Dino Herrmann' und wenn der HSV ein enttäuschendes Spiel hinlegt, hallt es immer noch „Außer Hermann könnt ihr alle gehen" durch das Stadion. Insofern scheint die Einschätzung des Hamburger Abendblatts von der Wichtigkeit Riegers durchaus plausibel: „Hermann Rieger ist wohl nach Uwe Seeler der beliebteste HSV-Star." Sogar Franz Beckenbauer sagte einmal über ihn: „Er ist ein Schatz." Und das nicht, weil Rieger gebürtiger Bayer ist. Er war mitentscheidend für viele Erfolge des HSV. Leise und effektiv.

Auch daran sehen Sie, wie wichtig die Menschen sind, die Sie im Hintergrund unterstützen. Die für Sie da sind, auch wenn es einmal nicht so gut läuft. Sie besitzen besondere Kompetenzen, die Sie für Ihren Erfolg brauchen. Sie halten Ihnen den Rücken frei.

Aus meiner langjährigen Erfahrung mit vielen Menschen, mit den ich bisher arbeitete, weiß ich: Ihr Ziel können Sie selbst entwickeln. Das sollten Sie sogar, wenn Sie möchten, dass es Ihr Ziel ist. Und nicht das von irgendjemandem anderem. Sie sollten auch viele Schritte alleine in Richtung Ihres Zieles gehen. Das schärft Ihr Bewusstsein, Ihre Entschlossenheit, Ihre Konzentration und Ihre Motivation.

Allerdings ist das Leben eine Achterbahn. Es verläuft kaum so geradlinig, wie wir uns das vielleicht wünschen. Es kommt immer wieder zu Überraschungen und Unwägbarkeiten. Dann sind wir ganz automatisch angewiesen auf die Unterstützung anderer Menschen.

Das beginnt ganz im Kleinen. Schon beim Tanken und Telefonieren. Sogar beim Lesen. Hätte ich nicht dieses Buch geschrieben, könnten Sie es nicht lesen. Gäbe es nicht die Leute im Buchladen oder beim Online-Shop, wo Sie es gekauft haben oder gäbe es nicht den Menschen, der es Ihnen geschenkt hat, könnten Sie es nicht lesen. Würde niemand Benzin an die Tankstelle liefern, an der Sie morgen vorbeikommen, könnten Sie nicht mit dem Auto zu einem Kunden fahren. Gäbe es niemanden, der sich um Ihr Telefonnetz kümmern würde, könnten Sie nicht telefonieren und sich beim Kunden für die Verspätung entschuldigen, weil Sie kein Benzin mehr haben.

Ja, das sind lauter Kleinigkeiten. Aber halten Sie sich vor Augen, wenn nur ein paar solcher Handlungsroutinen nicht funktionieren würden – es würde uns erheblich bremsen.

Wir sind geradezu abhängig von einer funktionierenden Infrastruktur in Sachen Kommunikation, Mobilität und Emotionalität. Damit auch von anderen Menschen. Dabei meine ich noch nicht einmal die Menschen in unserem direkten Umfeld. Unsere Lebenspartner, unsere Freunde, unsere Kollegen, unsere Kunden. Die sind noch viel wichtiger. Ihre konkrete Unterstützung macht unseren Weg realistischer, planbarer und leichter. Daneben schärft der Austausch mit den Menschen in unserem Umfeld auch unsere Empathie und unsere Kommunikationsfähigkeit. In heutigen Zeiten sind das zwei entscheidende Erfolgsfaktoren. Ganz egal, was Sie vorhaben. Wenn Sie nicht gerade als Einsiedler glücklich werden möchten, brauchen Sie andere Menschen. Sonst wird es eine Quälerei.

Denken Sie dabei an den Profifußball. Wie weit wäre wohl Lukas Podolski - um nur ein Beispiel zu nennen - ohne die Unterstützung anderer Menschen gekommen? Ohne Trainer, ohne Manager, ohne Physiotherapeuten, ohne Freunde, ohne Mentalcoach, ohne seine Fans? Um es provokativ zu sagen: Er wäre vielleicht bis nach Düsseldorf gekommen. Bestimmt nicht über München bis nach London.

Natürlich ist klar, dass ein einziger Fußballspieler nicht Deutscher Meister werden kann. Wie sollte er das machen. Er kann ja nicht gleichzeitig im Tor stehen, Doppelpässe spielen, Tore schießen und wenn er mal nicht so gut ist, sich auch noch selbst auswechseln. Zum fußballerischen Erfolg gehören mindestens 22 Akteure. Ein Team alleine hat auch noch nie gewonnen.

Aber lassen wir mal diese spezifischen Strukturen ebenso beiseite wie das benötigte Talent eines Fußballers. Ohne dies braucht er es gar nicht erst probieren, Profi zu werden. Das gilt übrigens für alle Lebensbereiche. Wenn Sie kein Talent für das haben, was sie anstreben, wenn Sie keine Grundanlagen dafür haben, suchen Sie sich lieber ein anderes Ziel. Dann werden Sie glücklicher.

Der maßgeblichen Gründe für den Erfolg von Profis wie Reus, Özil, Götze, Podolski, Schweinsteiger & Co. liegen weitverzweigt in ihrem persönlichen Umfeld. Ihre Mannschaftskameraden trainieren mit ihnen Technik, Taktik und Laufwege. Ihre Trainer machen sie fit in Strategie und Kondition. Ihr Management kümmert sich zusammen mit der Vereinsführung um die Organisation in Sachen Finanzen, PR und schafft eine professionelle Infrastruktur. Und nicht zu vergessen das medizinische und psychologische Team. Die meisten Profis haben heute einen Personal Trainer. Er unterstützt sie dabei, mental fit zu bleiben und es nach Verletzungen oder Rückschlägen wieder zu werden. Denn auch psychische Rückschläge kommen vor. Z.B. die Trennung von einem Partner, der Tod eines geliebten Menschen oder andere einschneidende Ereignisse. Die meisten von uns kennen das. Es ist alles andere als schön. Aber auch Niederlagen und Schicksalsschläge gehören zum Gesamtpaket Leben dazu.

Neben einem konstruktiven beruflichen Umfeld ist ein gesundes soziales Umfeld äußerst nützlich. Wenn nicht sogar maßgeblich. Sich mit dem Partner oder mit Freunden auszutauschen ist ein Geschenk, das man gar nicht hoch genug schätzen kann. Egal, ob es sich um Ideen, Herausforderungen, Möglichkeiten, Ereignisse oder Vermutungen handelt. Ein wahrer Freund wird uns schon sagen, was er davon hält und bringt uns damit weiter – so oder so. Dafür muss man kein Fußballprofi sein.

Nicht umsonst gibt es die Redensarten „Geteiltes Leid ist halbes Leid" und „Geteilte Freude ist doppelte Freude." Hochinteressant finde ich daran das umgekehrte Prinzip. Trauer und Angst halbieren sich. Glück und Erfolg verdoppeln sich. Es ist wirklich so. Mit unseren eigenen stillen Stars im Hintergrund oder mit den Leistungsträgern, für die wir selbst ein stiller Star sind. Je nach Situation.

Für die erfreuliche und erfolgreiche Zusammenarbeit mit Ihrem sozialen Umfeld empfehle ich Ihnen Folgendes:

1. Umgeben Sie sich mit Menschen, die an Sie glauben. Diese müssen nicht alles toll finden, was Sie tun. Wohlwollen äußert sich mehr in konstruktiver Kritik als durch Lobhudeleien.

2. Seien Sie sich Ihres gemeinsamen Ziels jederzeit bewusst. Auch Freundschaft oder Liebe kann ein Ziel sein. Vielleicht haben Sie es schon erreicht. Dann ist das nächste Ziel, dafür zu sorgen, dass es so bleibt.

3. Messen Sie andere mehr an dem, was sie tun als an dem, was Sie sagen. Eine Portion Tatkraft wiegt mehr als 1000 Worte.

4. Vertrauen Sie dem Know-how Ihrer stillen Stars. Auch als Leistungsträger können Sie nicht alles wissen.

5. Vertrauen Sie als stiller Star der Kompetenz Ihres Leistungsträgers. Sonst brauchen Sie ihn nicht zu unterstützen.

6. Begegnen Sie anderen Menschen mit dem Respekt, den Sie sich von ihnen wünschen. Wer respektiert, wird respektiert.

7. Respektieren Sie auch Ihre Gegner. Von ihnen lernen wir mehr als von Menschen, denen wir egal sind.

8. Bleiben Sie fair und offen für Veränderungen. Wenn sich Wege trennen, treten Sie nicht nach.

9. Wenn Sie das Gefühl haben, dass jemand aus Ihrem engen Umfeld Sie hintergeht, sprechen Sie ihn darauf an. Ändert sich Ihr Gefühl nicht nachhaltig, trennen Sie sich (siehe Kapitel 19).

10. Denken Sie daran: Alleine kommen Sie zu sich. Nur zusammen kommen Sie überall hin.

Kapitel 25

Der „Angstgegner"
Schauen Sie ihrer Angst in die Augen, denn das ist es, was sie am wenigsten erwartet

„Wir gehen nachts mit Fackeln in den Wald, damit die Jungs die Angst verlieren."
(Hans Meyer)

Vorsicht, in diesem Kapitel bekommen Sie es mit der Angst zu tun!

Nein, keine Sorge, ich will Ihnen keine Angst machen. Ich will Ihnen die Angst nehmen. Ihre Angst. Auch wenn Sie vielleicht sagen, Sie haben keine Angst. Vor irgendetwas haben wir alle Angst. Sei es die Angst um die eigene Gesundheit, die berufliche Zukunft oder die Sorge um den Partner oder die Kinder - Ängste sind vor allem eins: Menschlich.

Wenn jemand sagt, er hätte überhaupt keine Angst, vor nichts und niemandem, um nichts und niemanden, dann bin ich eher skeptisch als beeindruckt. Dann denke ich mir, er ist sehr egozentrisch oder er lebt in einer anderen Welt. Oder er ist sich seiner Ängste noch nicht bewusst geworden, was wahrscheinlich am ehesten zutrifft.

So stark wir uns gerne darstellen mögen, im Kern sind wir Menschen verletzliche Wesen. Neben dem Erreichen konkreter Ziele streben wir auch immer nach Anerkennung und Aufmerksamkeit. Wenn andere Menschen uns mögen, wenn sie gut finden, was wir machen oder wie wir sind, dann finden wir es auch. Nicht umsonst hat das ominöse „Gefällt mir" bei Facebook so einen hohen Stellenwert. Wir brauchen z.B. auch direktes Feedback, um in einen Workflow zu geraten (siehe Kapitel 14).

Was wir beim Streben nach Anerkennung manchmal vergessen, ist unsere eigene Anerkennung. Also die Akzeptanz unserer eigenen Persönlichkeit. Samt all unserer Ecken und Kanten, Fähigkeiten und Unfähigkeiten, Möglichkeiten und Herausforderungen.

Unsere Fähigkeiten und Potentiale sehen wir viel lieber als unsere Hemmnisse. Wer sagt z.B. schon gerne von sich „Hurra, ich bin ausgesprochen gut darin, Chancen nicht zu nutzen" oder „Super, ich bin ein toller Hecht, aber ich traue mich nicht, einer Frau das zu sagen." Da drücken wir gerne ein Auge zu und machen weiter wie bisher. Egal, die nächste Chance kommt bestimmt und wenn wir nur ein Hering sind.

Bei unseren Ängsten drücken wir sogar beide Augen zu. Das eine Auge verschließen wir, weil wir sie nicht wahrhaben wollen. Weil wir uns selbst nicht wahr haben wollen. Das andere Auge verschließen wir vor der Chance, unsere Ängste in positive Energie umzuwandeln. Weil wir befürchten, dass wir es nicht schaffen und es dann niemand anerkennt. Auch darin ist die Angst sehr gut. Sie schafft es immer wieder, unseren klaren Blick nach vorne zu verschleiern.

Denken Sie einmal an den sogenannten Angstgegner im Fußball. Für die deutsche Nationalmannschaft ist z.B. Italien der Angstgegner schlechthin. Seit dem bitteren Aus bei der EM 2012 umso mehr. Dieses Spiel haben wir alle noch in schlechter Erinnerung. Aber was ist in diesem Halbfinale eigentlich genau passiert?

Deutschland hat 20 Minuten gut gespielt. „Wir" hatten die Italiener im Griff. Dann gab es einen eher zufälligen langen Pass auf Mario Balotelli, der dann einfach abzog und unter die Latte traf. Später schoss er noch ein zweites Mal aufs deutsche Tor und traf wieder direkt. Zum Bedauern der deutschen Fußballnation hatte der italienische Stürmer einen der besten Tage seines Lebens. Bei ihm passte einfach alles, was sich auf seine Teamkollegen übertrug. Beim deutschen Team passte dagegen so gut wie nichts mehr.

Der entscheidende Faktor zum Thema „Angstgegner" war die Phase nach dem ersten Tor. In diesen zehn Minuten hat sich die deutsche Nationalmannschaft den Schneid abkaufen lassen und sich ihn nicht mehr zurückgeholt. Natürlich haben die Italiener clever agiert. Sie haben nicht umsonst den Catenaccio erfunden. Also die Taktik, wie man einen Vorsprung erfolgreich verteidigt.

Zudem steckte in den Köpfen von Bastian Schweinsteiger, Mesut Özil und Co. zu einem gewissen Teil eben der „Angstgegner".

Die Frage ist nur: Angst wovor? Vor Italien? Vor Mario Balotelli? Ich bitte Sie. Wenn ein Nationalteam tatsächlich vor einer anderen Mannschaft oder gar vor einem Spieler Angst hat, sollte es gar nicht erst antreten. Es ist nicht die Angst vor einem Gegner. Es ist die Angst vor der Angst und damit auch vor der eigenen Courage. Denn die generellen Fähigkeiten hatte das deutsche Team. Kämpferisch und taktisch. Sie haben es nur nicht mehr geschafft - wie man so schön sagt - ihre Fähigkeiten auf den Platz zu bringen.

Insofern sorgt die Angst eigentlich nur dafür, dass wir uns selbst im Weg stehen. Was für eine enorme Wirkung das haben kann!

Die allermeisten Ängste, die uns begleiten sind eine Illusion. Gemessen an den tatsächlichen Gefahren weitgehend unrealistisch. Z.B. das Thema Flugzeugabsturz. Jeden Tag fliegen Millionen von Menschen mit dem Flugzeug von A nach B. Sie kommen sicher und gesund an. Leider kommt es vereinzelt auch zu Unglücken. Das ist bedauerlich, aber wahrscheinlich nie komplett zu verhindern. Denn weder der Mensch noch die Technik sind dauerhaft perfekt. Aber warum sollte es ausgerechnet Sie bei einem Absturz erwischen?

2010 wurde die sogenannte magische Grenze von fünf Milliarden beförderten Flugzeugpassagieren durchbrochen. 821 Menschen kamen dabei ums Leben. Die Gefahren eines Absturzes, sind also äußerst gering. Konkret liegt die Wahrscheinlichkeit, bei einem Flugzeugabsturz zu sterben, nach statistischer Rechnung bei 0,000012 Prozent", stellte Jan Richter vom Hamburger Unfalluntersuchungsbüro JACDEC (Jet Airliner Crash Data Evaluation Centre).

Unsere Angst ist sehr talentiert darin, uns zu manipulieren. Je unbegründeter und unkonkreter sie ist, desto blinder macht sie uns. Das Sonderbare daran ist, dass wir uns das gefallen lassen. Obwohl wir wissen, dass es uns nicht gut tut. Für mich ist das nachvollziehbar. Denn eigentlich ist die Angst unser Freund. Und nicht nur das. Sie ist ein wesentlicher Bestandteil in der Familie unserer Eigenschaften, Fähigkeiten und Prägungen.

Das Problem mit diesem Familienmitglied Angst ist nur, dass es meistens nicht das tut, was wir möchten. Sie ist wie ein aufmüpfiges, vernachlässigtes Kind: Das Aschenputtel unserer Eigenschaften. Weil dieses Kind nicht unserer Vorstellung entspricht, geht es seinen eigenen Weg. Aus Trotz, Enttäuschung oder Scham. Die Gründe sind je nach Persönlichkeit unterschiedlich. Das Prinzip ist jedoch dasselbe. Wenn dieses Kind sich von uns entfernt, dann entwickelt es seinen eigenen Kopf und macht sein eigenes Ding. So gaukelt es uns die Angst jedenfalls vor. Denn das Ding ist: Die Angst hat gar keinen eigenen Kopf. Sie benutzt UNSEREN Kopf.

Verstehen Sie nun, worum es bei der Angst geht? Auch hier geht es um Anerkennung. Um die Anerkennung Ihrer Angst. Um die Anerkennung dieses kleinen, verschüchterten Kindes in Ihnen, das im Prinzip auch nur eine Perspektive haben möchte. Mit Ihnen.

Immer wieder lese ich, auf dem Weg zum Erfolg sei es notwendig, die Angst zu bekämpfen. Das mag ein Weg sein, der funktioniert. Aber stellen Sie sich das einmal bildlich vor: Dieses kleine Kind steht vor Ihnen, schaut sie fragend an, was es schon wieder falsch gemacht hat. Was machen Sie dann? Erschießen sie es? Lassen Sie Panzer auffahren? Wegen einem Kind, das zu Ihnen gehört?

Nein. Die Angst ist nicht etwas grundsätzlich Schlechtes, was man bekämpfen oder sogar vernichten sollte: Schauen Sie diesem Kind in die Augen. In beide Augen. Fragen Sie es, was es möchte, woran es ihm mangelt. Es wird Ihnen antworten. Vielleicht hören Sie es nicht bewusst. Ihr Unterbewusstsein wird es jedoch verstehen. Dort ist die Angst zuhause. Dort kennt man sich.

Dann reichen Sie diesem Kind die Hand. Es wird Ihnen helfen, die Energien, die es beansprucht, in für Sie nützlichere Bahnen zu lenken. Dann bekommt auch Ihre Angst eine neue Perspektive. Vielleicht werden andere Sie darum beneiden. Was soll's. Sie haben sich Ihren Mut und Ihren Erfolg selbst erarbeitet. Ein bisschen Neid gehört auch dazu. Nur Mitleid bekommen Sie umsonst. Wenn überhaupt. Das Kind wird stolz auf Sie sein und Sie auf das Kind.

Um konstruktiv mit der Angst umzugehen, habe ich folgende weitere Empfehlungen für Sie:

1. Halten Sie sich vor Augen, was für Ängste Sie in Ihrem Leben hatten. Machen Sie sich schriftlich eine Liste. Schauen Sie, welche Ängste sich bewahrheitet haben. Sie werden sehen, die Liste der nicht eingetreten Folgen ist wesentlich länger. Daran erkennen Sie, wie unrealistisch unsere Ängste oft sind.

2. Reflektieren Sie Momente in Ihrem Leben, wo Ihre Angst dazu geführt hat, bei realen Gefahren vorsichtig zu sein. Z.B. im Straßenverkehr. Daran sehen Sie, wie Angst auch nutzen kann, wenn es um greifbare, realistische Situationen geht.

3. Gab es Momente, wo Sie aus Angst, dass etwas noch schlimmer wird, plötzlich neue Energien entwickelten, um davon wegzukommen (Motivation des Müssens)? Auch hieran erkennen Sie, dass die Angst nicht Ihr genereller Feind ist.

4. Haben Sie Respekt vor Gegnern, Mitbewerbern oder Marktbegleitern. Aber haben Sie keine Angst vor ihnen. Soweit kommt's noch. Wer sind Sie denn?

5. Machen Sie sich Ihre Angst bewusst. Seien Sie dabei ehrlich mit sich und fragen Sie Ihre Angst, was sie eigentlich von Ihnen will. Ignorieren Sie sie nicht. Sonst arbeitet sie sich weiter durch Ihr Unterbewusstsein und lähmt Sie. Es ist jedoch nur ein Schrei nach Aufmerksamkeit.

6. Den besten Gefallen tun Sie sich mit der Anerkennung Ihrer Angst. Sie wird sich in positivem Sinne erkenntlich zeigen.

7. Vernichten Sie Ihre Angst nicht. Leben Sie mit ihr auf Augenhöhe. Es macht Sie gelassener und als schönen Nebeneffekt lernen Sie sich selbst noch besser kennen.

8. Ähnlich wie unter Punkt 1 können Sie es mit Ihren aktuellen Ängsten handhaben. Machen Sie eine Liste. Schauen Sie einmal pro Monat auf diese Liste. Machen Sie rückblickend auf den Monat zu jeder Angst einen kleinen Pfeil. Schräg nach oben, schräg nach unten oder waagerecht. Mit der Zeit entsteht Ihr eigenes aktuelles Angstbarometer. Ähnlich wie bei Börsenkursen. So haben Sie Ihre eigene Veränderung im Blick. Denn wie gesagt, Ihre Angst zu ignorieren ist der größte Gefallen, den sie ihr tun können. Sie ins Visier zu nehmen, ist der größte Gefallen, den Sie SICH tun können.

9. Nicht Augen zu und durch, sondern: Augen AUF und durch!

Kapitel 26

Viel Neid – viel Ehr'
Über die verschiedenen Gesichter des Neids und ihren Einfluss auf uns

„Neid und Eifersucht dürfen nicht ins Spiel kommen."
(Ralf Rangnik)

Beim Thema Neid komm ich nicht umhin, mit dem FC Bayern München in dieses Kapitel einzusteigen.

Wie wir wissen ist der FC Bayern der erfolgreichste deutsche Fußball-verein. Seit vielen Jahren spielen die Münchner beständig auf einem hohen Niveau. Der Gewinn des Triples war die vorläufige Krönung ihres Engagements in den letzten Jahren. Fast schon selbstverständlich scheint es da, dass der FC Bayern München bereits im März mit über-wältigendem Abstand zur Konkurrenz wieder Deutscher Meister wurde.

Wir dürfen sehr gespannt sein, wie das in München weitergeht. Ja, auch in Dortmund, auf Schalke, in Mainz, in Stuttgart, in Mönchenglad-bach und überall, wo sonst noch guter Fußball gespielt wird. Sollte sich dort jemand über den Erfolg des FC Bayern München beschweren, würde ich – auf gut deutsch - sagen: Spielt Ihr doch einfach besser, dann sind die Bayern nicht mehr so erfolgreich, sondern Ihr.

Das mag provokativ klingen, ja. Ich sage das jedoch nicht als großer Bayern-Fan, denn der bin ich nicht. Als Mentaltrainer und aufmerksa-mer Beobachter habe ich einfach große Anerkennung für die starke Leistung der Münchner. Und bei aller Kritik an der Münchner Transfer-politik, setze ich noch einen drauf und sage: So gut muss man erst-mal werden, dass die besten Spieler dorthin möchten. Und mit einem kleinen Seitenhieb kann ich es mir auch nicht verkneifen, zu fragen, ob Dortmund seinerzeit in Gladbach die Erlaubnis eingeholt hat, Marco Reus zu verpflichten. Okay, jetzt mögen hier und da vielleicht die Emo-tionen etwas hochkochen, aber wie gesagt, ich schreibe das nicht nur als neutraler Beobachter, sondern in diesem Kapitel geht es um den Neid und der ist auch im Fußball oft genug im Spiel.

Um die Gemüter ein wenig zu beruhigen, möchte ich den Neid zunächst von einer anderen Seite aufrollen. Zu diesem Thema gibt es eine interessante Gesellschaftsstudie, die der Ölmulti Shell in Auftrag gegeben hat. Diese sogenannte Shell-Jugendstudie gibt der Konzern seit 1953 im Abstand von drei bis vier Jahren bei einem unabhängigen Team aus Wissenschaftlern und anderen Experten in Auftrag.

Für die Studie 2006 wurden über 1000 Teilnehmer - international, quer durch alle Schichten - in eine Entscheidungssituation gebracht. Sie sollten sich vorstellen, sie seien Arbeitnehmer in einem großen Betrieb und hätten hinsichtlich Ihres Jahresgehalts zwei Optionen:

A: Sie bekommen 150.000 Euro im Jahr,
Ihre Kollegen bekommen 140.000 Euro

B: Sie bekommen 120.000 Euro im Jahr,
Ihre Kollegen bekommen 80.000 Euro

Für die Entscheidung war es nicht wesentlich, ob es der Firma gut oder schlecht ginge. Auch nicht, was der genaue Job wäre. Die Befragten sollten sich nur zwischen A und B entscheiden.

Wie würden Sie sich entscheiden? Würden Sie lieber die größere Summe bekommen wollen (150.000 Euro)? Oder wäre es Ihnen wichtiger, etwas weniger zu bekommen (120.000 Euro), aber dafür wesentlich mehr als Ihre Kollegen (80.000 Euro)?

Ich nehme an, Sie haben den Kniff in der Fragestellung erkannt. Mit Ihrer Entscheidung zeigen Sie, ob Sie sich mehr an sich selbst oder an anderen Menschen orientieren.
Haben Sie Variante B gewählt? Dann überragen Sie um ein Drittel Ihre potentiellen Kollegen. Sie verdienen 40.000 Euro mehr im Jahr. Das ist viel Geld. Soviel verdient ein Arzt im Krankenhaus. Sie sind Ihren Kollegen quasi um eine Arztlänge voraus. Ihre Kollegen werden Sie möglicherweise beneiden. Stört Sie das? Nicht? Gut.

Oder haben Sie Variante A gewählt. Wieso? Dann haben Sie nur 10.000 Euro mehr als die anderen. Das ist bei 150.000 Euro im Jahr kaum ein Unterschied. Stört Sie das? Nein? Warum nicht? Ihre Kollegen werden kaum neidisch auf Sie sein.

Bevor ich auf den Neid näher eingehe - und vor allem darauf, wie er Ihnen nützt - möchte ich Ihnen das Ergebnis der Studie verraten:

Die große Mehrheit hat sich für Variante B entschieden. Fast 80 Prozent der Befragten wollten lieber weniger Gehalt, aber dafür in der Relation wesentlich mehr Geld als ihre Kollegen.

Überrascht Sie das? Fast 80 Prozent hätte ich nicht erwartet. Tendenziell ist es für mich aber eine logische Folge der Leistungsgesellschaft. Materieller Status wiegt weit verbreitet höher als innere Zufriedenheit. Hast Du was, bist Du was. Hast Du nichts, bist Du zwar auch etwas. Aber es interessiert niemanden.

Ja, wir leben in einer Neidgesellschaft. Da müssen wir uns nichts vormachen. Wir können sogar davon ausgehen: Bei jedem Erfolg, den wir erzielen, gibt es bereits jemanden, der schon darüber nachdenkt, es noch besser zu machen und noch erfolgreicher zu sein.

Wissen Sie was? Das ist Wettbewerb. Einer der wesentlichen Faktoren unseres kapitalistischen Wirtschaftssystems aus Angebot und Nachfrage. Und nicht nur das: Das ist sogar Evolution. Ohne den Wettbewerb und wahrscheinlich auch ohne den Neid wäre die Menschheit nicht dort hingekommen, wo wir heute sind.

Allerdings gebe ich zu bedenken, dass auch die Medaille des Neids zwei Seiten hat:
Der anerkennende, konstruktive Neid: Diese gute, wohlwollende Seite des Neids ist Ansporn für uns. Der Sport ist dafür das beste Beispiel. Jedes Fußballteam will so erfolgreich sein wie möglich. Jeder Fußballer, der auf die Tabelle schaut, will ganz nach oben. Das ist völlig normal. Niemand will im hinteren Mittelfeld herumdümpeln oder gar absteigen. Mit einem ganz natürlichen Neidfaktor schaut er sich die Vereine an,

die ganz oben sind. Es ist Motivation für ihn, eines Tages dort auch zu stehen. Idealerweise mit einem noch größeren Vorsprung vor dem Zweitplatzierten. Denn damit ginge er in die Geschichte ein. Davon könnte er seinen Enkeln noch erzählen und sie würden große Augen bekommen. Ähnlich verhält es sich im Berufsleben und im Privatleben. Denken Sie nur einmal an das typische Klischee des Nachbarn, der ein neues, tolleres Auto hat als Sie. Wenn Sie es nicht sind, gibt es genug andere Nachbarn, die sehr viel dafür arbeiten werden, bald ein noch tolleres Auto zu haben als der Nachbar. Dies wiederum steigert die Produktivität in der Wirtschaft. Umso mehr noch, wenn der Nachbar sich motiviert fühlt, ein noch besseres Auto zu haben. Das Interessante an diesem Klischee ist übrigens: Es ist gar kein Klischee. So ist es wirklich. 80 Prozent für Variante B (siehe oben) sprechen eine klare Sprache. Ähnlich ist es, wenn ein Mann eine tolle Frau als Begleiterin hat. Plötzlich steht er im Mittelpunkt der Aufmerksamkeit. Bei den Frauen sowieso. Die Männer fragen sich, teils anerkennend, teils neidisch: Wie macht der das nur?

Der lähmende, destruktive Neid: Hier sind die so sogenannten niederen Instinkte ein starker Antriebsmotor. Im Gegensatz zur respektvollen Anerkennung zeigt sich der destruktive Neid im Hader, Argwohn, Schlechtreden und in Schuldzuweisungen. Die Folgen sind Frustration, Passivität, Misstrauen. Das Selbstvertrauen sackt in den Keller. In extremen Fällen geht der lähmende Neid dann fließend in Missgunst über. Dann geht es schon nicht mehr darum, aus eigenem Antrieb heraus mehr zu bekommen als andere. Dann geht es darum, anderen wegzunehmen, was sie mehr haben. Im Beispiel der Shell-Studie würde das Variante C bedeuten. Sie bekommen nur 10.000 Euro im Jahr. Damit sind Sie jedoch zufrieden, solange alle anderen auch nur 10.000 Euro bekommen. Destruktiver Neid ist in meinen Augen ein wesentlicher Grund für Unfrieden in unserer Gesellschaft, aber auch im privaten und beruflichen Alltag. Denn die Motivation besteht dann nicht mehr im Gestalten, sondern nur noch im Verhindern. Leider hat es dann nicht einmal mit den Inhalten von konkreten Pläne, Projekten oder Ideen zu tun. Es geht dann nur noch ums eigene Ego, weil der Verhinderer die Idee selbst nicht hatte. Da kann sie noch so gut sein. Sie kennen das vielleicht aus eigener Erfahrung in Ihrem Unternehmen oder aus Ihrem privaten Umfeld. Nach meiner Erfahrung schießen sich Verhinderer auf längere Sicht jedoch nur selbst ins Knie. Denn produktive, proaktive Menschen werden sich davon nicht entmutigen lassen. Echte Champions werden dadurch sogar noch besser, weil es ihr Bewusstsein schärft. Sie kennen das z.B. aus dem Fußball, wenn ein Stürmer wie Messi oft gefoult wird, um ihn zu verunsichern. Meistens antwortet er mit Toren.

Für den Umgang mit Neid empfehle ich Ihnen Folgendes:

1. Betrachten Sie Ihren Neid als Ansporn. Wenn jemand etwas hat oder kann, worauf Sie neidisch sind, arbeiten Sie an sich. Das können Sie auch. Mit Ihren eigenen Potentialen.

2. Lassen Sie sich durch den Neid inspirieren, aber verfolgen Sie ihren eigenen Weg. Bildhaft ausgedrückt bedeutet das: Was sollen Sie mit einem schnittigen Sportwagen, wie ihn Ihr kinderloser Nachbar hat? Dafür haben Sie eine Familie.

3. Nehmen Sie neidische Menschen ernst. Aber auch nicht zu ernst. Oft ist Neid ein verschlüsseltes Kompliment.

4. Akzeptieren Sie keinen lähmenden, destruktiven Neid. Setzen Sie diesem Gefühl gegenüber klare Grenzen.

5. Seien Sie großzügig gegenüber anderen. Aber nicht verschwenderisch. Das betrifft sowohl Ihre Energie, Ihre Kreativität, Ihr Know-how als auch materielle Güter.

6. Kümmern Sie sich weniger um das, was die anderen haben. Konzentrieren Sie sich auf Ihr eigenes Können.

7. Lassen Sie andere doch machen. Dann haben Sie umso mehr Zeit und Energie für die Entwicklung und Optimierung Ihrer eigenen Fähigkeiten. Oder wie es in München heißt: „Mia san mir."

Kapitel 27

Wie der Zufall so will
Warum die Ungewissheit viele Chancen bietet

„Bei zwei von fünf Toren ist Zufall im Spiel."
(Sportwissenschaftlicher Martin Lames)

Bislang ging es in diesem Buch darum, was Sie für Ihren Erfolg tun können. Jetzt stellen wir das Prinzip auf den Kopf. In diesem Kapitel geht es darum, was Sie für Ihren Erfolg nicht tun können.

In unserem Alltag neigen wir dazu, eine bestimmte Sache gerne zu unterschätzen: Den Zufall. Das sollten wir nicht tun. Denn der Zufall ist in unserem Leben allgegenwärtig. Neben dem Wetter ist er ein ständiger Lebensbegleiter. Deshalb ist es sinnlos, zu probieren, ihn zu vermeiden. Der Zufall lässt sich nicht vermeiden. Er lässt sich jedoch konstruktiv in unser Leben einbauen. Wie beim berühmten Spruch über das Wetter: „Es gibt kein schlechtes Wetter. Es gibt nur schlechte Kleidung." Zudem hat der Zufall einen großen Vorteil: Er ist kostenlos.

Beim Umgang mit dem Zufall ist es anders als mit Erfolgsfaktoren, die Sie selbst in der Hand haben. Wie bei der Entwicklung und Visualisierung konkreter Ziele. Oder wo Sie selbst proaktiv gefordert sind. Wie beim Verlassen Ihrer Komfortzone. Den Zufall in Ihre Pläne zu integrieren, bedeutet, sich natürliche Rahmenbedingungen zum Freund zu machen. Es bedeutet, nicht übermäßig gegen etwas Energie zu verschwenden, was Sie nicht beeinflussen können. Wer nichts dem Zufall überlassen will, bekommt auch nichts von ihm geschenkt.

Wer nun denkt, okay, dann warte ich eben ab, was zufällig passiert, bevor ich mich unnötig für meine Ziele engagiere, der täuscht sich. Stellen Sie sich den Weg zu Ihrem Ziel wie eine Reise vor. Auf die Reise begeben müssen Sie sich selbst. Der Zufall ist weder der Reiseleiter, der sich um alles kümmert, noch der Taxifahrer, der Sie abholt. Aber er ist ein interessanter, amüsanter und begeisterungsfähiger Reisebegleiter. Der Zufallsfaktor wurde im Fußball lange Zeit unterschätzt. Sicher,

Wind und Wetter machen ein Fußballspiel hin und wieder zu einem Glücksspiel. Das weiß jeder. Wenn es über die reinen Klima- und Platzverhältnisse hinausgeht, findet die Akzeptanz des Zufalls jedoch schnell ihre Grenzen. Wie z.B. im ersten Teil dieses Buches, wo es um das scheinbar bewusste Zielen in einer spontanen Schusssituation geht. Es ist nicht nur unmöglich - wohlgemerkt auf Basis des Verstandes - aus 30 Metern in drei Nanosekunden aus dem Spiel heraus in den Torwinkel zu zielen, zu schießen und zu treffen. Es ist genauso unmöglich, dem Zufall zu entkommen. Wenn jemandem so ein Sonntagsschuss gelingt, dann passiert es intuitiv. Dann ist der Zufall sein Freund. Vorausgesetzt, er hat es vorher tausende Male im Training geübt. Dann fällt ihm sozusagen ein solcher Sonntagsschuss zu. Im Sinne des Zu-Fallens. Oder wie es ein Spitzensportler mir gegenüber ausdrückte: „Je mehr ich trainiere, umso mehr Glück habe ich, wenn es darauf ankommt." Auch hier zeigt sich einmal mehr: Meister fallen nicht vom Himmel. Je mehr sie für ihr Können tun, umso eher fällt es ihnen zu.

Vor kurzem untersuchte der Sportwissenschaftler Prof. Dr. Martin Lames die Zufälligkeit bei der Entstehung von Toren im Fußball. Vor dem Fernseher beobachtete Lames mit seinen Studenten für die Universität Augsburg die Eurosport-Sendung Eurogoals. Dabei sahen Lames und seine Studenten insgesamt 638 Tore, die sie auf folgende Zufallskriterien prüften:

1. Abgefälschter Schuss.
2. Unkontrollierte Bewegung des Balles zu den Angreifern.
3. Tor durch vorherige Berührung des Balles von Pfosten oder Latte.
4. Tor trotz wesentlicher Berührung des Balles durch den Torwart.
5. Tor durch Weitschuss unter günstigen Umständen.
6. Unfreiwillige Mithilfe der Abwehr.

Die Auswertung der gesichteten Tore ergab ein erstaunliches Ergebnis: Auf 38,9 Prozent traf mindestens eins der obigen Kriterien zu. Das bedeutet, bei zwei von fünf Toren im Profifußball ist der Zufall im Spiel. Der Anteil der ‚Zufallstreffer' im Amateurbereich dürfte wahrscheinlich noch höher liegen.

Der Zufall ist also ein wesentliches Element des Spiels. Die Unwägbarkeit hat große Bedeutung für den Torerfolg. Damit auch für Strategien und Trainingsmethoden. Martin Lames, heute Lehrstuhlinhaber für Trainingswissenschaften bei der Technischen Universität München, rät Fußballern und Trainern: „Bewusst offene Situationen herbeiführen, statt bis zum Umfallen schematische Spielzüge einstudieren." Dann zeigt sich umso mehr die unbewusste Kompetenz, in spontanen Situationen das Richtige zu tun.

Lames machte mit seinem damaligen Team noch eine weitere erstaunliche Entdeckung: Die meisten zufälligen Tore fallen beim Stand von 0:0. Also wenn beide Mannschaften noch streng nach ihrem taktischen System spielen. Wie der Zufall so will – sozusagen – in solchen Situationen, wo Reporter oft davon sprechen, dass ein Tor dem Spiel gut tun würde. Es scheint also ein wenig paradox mit dem Zufall. Je mehr wir probieren, ihn zu verhindern, desto eher kommt er ins Spiel.

Wie gesagt: Verhindern können wir den Zufall nicht. Warum auch? Er hat wesentlichen Einfluss auf unser Leben. Sich auf den Zufall einzustellen, sich zu öffnen für Überraschungen und für den Wandel. Deshalb auch mein Tipp in Kapitel 13: Lassen Sie Ihrem Leben Raum für Spontanität. Sie ist die Schwester des Zufalls.

Wenn Sie in unserer immer komplexeren Welt weiterkommen wollen, tun Sie gut daran, das Unvorhersehbare zu erkunden. Denn so planlos wie der Zufall zu sein scheint ist er gar nicht. Auch er folgt wie das Wetter gewissen Gesetzmäßigkeiten. Wenn über dem Atlantik zwei Tiefdruckgebiete aufeinandertreffen, können Sie davon ausgehen, dass sich ein Hurrikan zusammenbraut, der sich in Richtung Karibik und zu den USA bewegen wird. Das hat die Natur so eingerichtet. Da können wir gar nichts gegen machen. Mit dem Zufall ist es ähnlich. Er ist zwar nicht berechenbar. Aber er ist beeinflussbar. Das liegt alleine schon am Gesetz der Wahrscheinlichkeit. Je öfter sie als Fußballer auf ein Tor schießen, desto größer wird die Wahrscheinlichkeit, dass Sie irgendwann treffen. Je öfter Sie proaktiv Ihr Glück suchen, desto wahrscheinlicher wird es, dass Sie es finden, bzw. dass es Sie findet. Wahrscheinlich ist es dann so, dass Sie beim hundertsten Schuss aufs Tor immer noch nicht treffen. Also hören Sie auf, schießen aber noch einmal aus einer spontanen Laune heraus. Und genau dann treffen Sie. Genau dorthin, wo Sie es vorher 100 Mal probiert hatten. Weil es der Zufall so wollte. Warum er es wollte, weiß ich nicht. Er konnte es jedoch nur, weil sie es vorher ausgiebig probiert haben. Weil sie den Flug des Balles vorher visualisiert haben. Weil Sie an Ihrer Technik gefeilt haben. 100 Mal. 1000 Mal. Unzählige Male. Dann haben Sie es gewissermaßen herbei gefühlt, dass Ihnen dieser Schuss zu-fällt.

Wenn Sie wüssten, was der Zufall kann! Dann kommen Sie Ihrem Ziel ein gutes Stück näher. Verstehen Sie, was ich meine? Das WAS können wir beeinflussen. Nur nicht immer das WIE. Hier müssen wir uns oft genug auf das Unwägbare verlassen. Und das ist doch auch gut so. Ein vorhersehbares Fußballspiel wäre genauso langweilig wie ein Leben ohne Zufälle.

Um den Zufall zu Ihrem Freund zu machen und ihn besser kennenzulernen, habe ich diese Tipps für Sie:

1. Denken Sie einmal in Ihrem Leben zurück. Was für schöne, bleibende, prägende Momente haben Sie in Erinnerung? Ich schätze, viele dieser Situationen sind überraschend entstanden. Möglicherweise haben sie Ihnen einen neuen Weg aufgezeigt oder Sie waren zufällig zu dieser Zeit an diesem Ort.

2. Betrachten Sie den Zufall als Chance. Ihre Einstellung ist wichtig. Wie Sie dem Zufall begegnen, so begegnet er Ihnen.

3. Entscheiden Sie auf Basis dessen, was Sie wissen. Nicht auf Basis von Spekulation. Zufällig können Sie nicht alles wissen. Dafür wissen es andere. Also brauchen Sie es auch nicht entscheiden.

4. Klammern Sie sich nicht an eine bestimmte Variante, um zu Ihrem Ziel zu kommen. Seien Sie offen für alternative Wege. Vielleicht passiert gerade dort etwas Entscheidendes, wo Sie es nicht vermuten. Wie der Zufall so will (Denken Sie an die zufälligen Tore beim Stand von 0:0).

5. Bewegen Sie sich in kleinen Schritten. Erwarten Sie nicht zu viel auf einmal. So können Sie auf Unerwartetes besser reagieren.

6. Begeben Sie sich ins Leben. Gehen Sie raus. Dort treffen Sie den Zufall am ehesten. Er klingelt nicht an Ihrer Tür. Den Aktiven begegnet der Zufall.

7. Genießen Sie die kleinen Zufälligkeiten des Lebens. Als ob Ihnen etwas zu-fällt. Sie sind ein Geschenk.

Kapitel 28

Reden Sie nicht, kommunizieren Sie
Über die Qualität des Zuhörens und die Stärke der sachlichen Argumentation

„Mit Wayne Rooney muss ich mich auf Mallorca nicht um einen Liegestuhl streiten."
(TV-Kommentator Florian König)

Willkommen in der Welt der Kommunikation. Sie sind mittendrin. Seit Beginn Ihres Lebens.

Kommunikation bedeutet Informationsübermittlung und -verarbeitung. Um zu kommunizieren, müssen wir nicht sprechen. Es gibt heute viele Wege, um bewusst miteinander zu kommunizieren. E-Mail, SMS, Chat und soziale Netzwerke sind vielleicht erst der Anfang multimedialer Kommunikation. Das mobile Internet macht es möglich. Lassen wir uns überraschen, was da noch kommt.

Auch wenn wir nicht bewusst miteinander kommunizieren, kommunizieren wir. Denn wir bringen damit eine emotionale Haltung zum Ausdruck. Wenn Sie auf der Straße jemanden anlächeln, weil er Ihnen sympathisch ist, oder von ihm angelächelt werden, ist das genauso aussagekräftig als wenn dieses Lächeln in Worte gefasst worden wäre. Oder denken Sie an eine SMS oder E-Mail, die Sie schreiben und Sie bekommen keine Antwort. Keine Antwort ist auch eine Antwort. Es bedeutet, der Empfänger hat derzeit nicht den Kopf frei, um sich damit zu beschäftigen oder schlichtweg kein Interesse.

Sie kennen den berühmten Spruch, der vom ehemaligen RTL-Geschäftsführer Helmut Thoma geprägt wurde: „Der Köder muss dem Fisch schmecken. Nicht dem Angler." Da sind wir Menschen wie Fische. Nur was uns kommunikativ berührt, erreicht uns.

Im Fußball kennen Sie das, wenn Trainer ihre Spieler erreichen. Es ist maßgeblich für den Erfolg. Dortmunds Trainer Jürgen Klopp ist bekannt dafür, dass er viel mit seinen Spielern kommuniziert. Nicht nur in taktischer, sondern auch in persönlicher Hinsicht. Er ist auch bekannt dafür, dass er kein Blatt vor den Mund nimmt. Das hat ihm schon manche Kritik eingebracht. Vor allem, wenn er z.B. seine Meinung gegenüber Schiedsrichterleistungen kommuniziert. Auf der anderen Seite hat Klopps offene, direkte Art einen wesentlichen Vorteil: Seine Kommunikationspartner, allen voran seine Spieler, wissen bei ihm, woran sie sind. Das schafft Vertrauen und damit eine wesentliche Voraussetzung für den gemeinsamen Erfolg. Auch Pep Guardiola spricht viel mit seinen Spielern. Er will wissen, was sie beschäftig. Nur dann kann er wirkungsvolle Entscheidungen treffen. So können sich gleichermaßen die Stars auf ihren Trainer verlassen wie der Trainer auf seine Stars. Nur mit verlässlicher Kommunikation auf wechselseitiger Basis sind herausragende Mannschaftsleistungen möglich.

Aus unserem privaten und beruflichen Alltag kennen wir das auch. Wir Menschen wissen gerne, woran wir sind. Konkretes Feedback ist uns in der Regel lieber als in der Luft zu hängen. Vor allem, wenn es um Entscheidungen geht, die unser Vorankommen betrifft. Gute Nachrichten hören wir natürlich immer gerne. Den meisten von uns sind sogar schlechte Nachrichten lieber als gar keine. Denn auch wenn sie keinen Erfolg bedeuten, schaffen sie zumindest Klarheit. So können wir konkreter daran arbeiten, es das nächste Mal besser zu machen. Sobald eine Entscheidung kommuniziert wird, können sich alle Beteiligten entsprechend darauf einstellen, wie es weitergeht.

Stellen Sie sich das in Bezug auf die Mannschaftsaufstellung im Fußball vor. Normalerweise legt ein Trainer die Aufstellung mindestens einen Tag vorher in der Mannschaftsbesprechung nach dem Abschlusstraining fest. Das hat seinen guten Grund. Damit bekommen die Spieler direktes Feedback auf ihre Leistungen. Natürlich gehören zur Aufstellung auch andere Gesichtspunkte, z.B. hängt sie auch vom jeweiligen Gegner und taktischen Überlegungen ab.

Zu wissen, woran sie sind, ist jedenfalls nicht nur für die Spieler nützlich, sondern auch für den Trainer. So kann er sich in der restlichen Zeit vor dem Spiel um die Motivationsoptimierung des Teams kümmern, das spielt und muss sich nicht noch um die Zusammensetzung der Mannschaft Gedanken machen. Wohlgemerkt gibt es auch hier Ausnahmen, die sinnvoll sein können. Z.B. hinsichtlich auf Überraschungseffekten. Unterm Strich schafft schnelle, direkte, authentische Kommunikation auf jeden Fall klare Verhältnisse. Im Prinzip ist das wie beim Wetter: Niemand will durch den Nebel stochern. Mit klarer Sicht kommen Sie besser voran!

Neben Klarheit gehört zur Kommunikation auch Empathie, also das Einfühlungsvermögen zu den Vorteilsmerkmalen. Das bedeutet: Gehen Sie auf die Belange eines Gesprächspartners ein. Hören Sie ihm nicht nur zu. Hören Sie ihm gut zu. Greifen Sie in einem Gespräch bestimmte Punkte auf, die er angesprochen hat, von denen Sie wissen, dass sie ihn beschäftigen. Teilen Sie ihm dazu eigene Erfahrungen mit. Bringen Sie neue Aspekte dazu ein. Er muss nicht alles im Einzelnen toll finden. Aber so zeigen Sie ihm, dass Sie ihn ernst nehmen und seine Befindlichkeit anerkennen.

Gehen Sie von sich aus: Wenn Sie sich ernst genommen fühlen, ist es bestimmt leichter, mit Ihnen etwas zu erreichen, als wenn Sie das Gefühl haben, da will nur jemand sein Ding durchboxen. Dieses Prinzip können Sie spiegeln. Da geben wir Menschen uns nicht viel. Mit Respekt und Empathie gewinnen Sie immer. Und sei es nur an Erfahrung, die sich später auszahlt. In unserer heutigen Zeit sind die meisten Menschen lieber Sender statt Empfänger. Da ist qualitatives Zuhören fast schon unbezahlbar, weil es immer seltener wird.

Deshalb sollten Zuhören und Empathie neben Klarheit in der Kommunikation selbstverständlich sein. Kommunizieren Sie argumentativ und verlässlich, bleiben Sie in entsprechender Erinnerung. Zeigen Sie sich sehr emotional, bleiben Sie auch in Erinnerung. Was Sie davon haben, ist eine andere Frage. Sind Sie dabei authentisch, kann es sogar einen sehr positiven Effekt haben. Wir kennen z.B. alle noch die berühmte Wutrede von Giovanni Trapattoni.

Auch wenn Trapattoni mit „Flasche leer" und „Was erlaube Strunz" zu einer vielleicht eher ungewollten, amüsanten Berühmtheit gelangte, schaffte er wiederum klare Verhältnisse. Dass Trapattoni ein Fußballfachmann ist, hat er vorher mit zahlreichen Meisterschaften – auch mit dem FC Bayern München – bewiesen. Und ich bin mir sicher, sein Emotionsausbruch hat sowohl ihm als auch dem FC Bayern gut getan. Denn jeder wusste wieder, woran er war, und was er am anderen hatte. Trapattoni hatte „fertig" und Uli Hoeneß hatte genug Zeit, einen neuen Trainer zu suchen.

Interessant an unserer Kommunikation ist auch der funktionale Aspekt. Während die Kommunikationsmöglichkeiten immer vielfältiger werden, ist die Aufnahmefähigkeit unseres Gehirns immer noch dieselbe wie zu Zeiten ohne Chat, SMS und Internet. Denn unser Gehirn kann nur ca. sieben Informationen pro Sekunde im bewussten Kurzzeitgedächtnis behalten. Unsere synaptischen Filter im Gehirn schaffen einfach nicht mehr. Es ist wie bei einer Eieruhr. Sie können noch so viel Sand in die Uhr geben. Der Sand fließt trotzdem nicht schneller. Also nehmen wir Menschen selektiv wahr. Wir können gar nicht anders. Dieses Prinzip hat der amerikanische Wissenschaftler George A. Miller schon 1956 an der Universität Harvard eindeutig bewiesen. Sein damaliger Artikel „The magical number seven, plus or minus two: some limits on our capacity for processing information" erschien in der Zeitschrift Psychological Review und gilt als eine der wesentlichen Veröffentlichungen im Bereich der psychologischen Grundlagenforschung. Seitdem gilt die Sieben im Zusammenhang mit Psychologie und Kommunikation als sogenannte Millersche Zahl.

In der Praxis bedeutet das, dass wir vor allem Informationen wahrnehmen, durch die unser Denken geprägt ist. Sie kennen ja das Sprichwort: „Man hört nur, was man hören will." Es müsste eher lauten: „Man hört nur, wodurch man geprägt wurde." Denn mit diesen prägenden Informationen sind die Emotionen verknüpft, die wir mit uns herumtragen. Dabei können wir den Willen entwickeln uns selbst darin zu üben, mehr auf die Informationen zu achten, die uns im Hinblick nach vorne interessieren. Auch darum geht es bei mentaler Stärke. Die Bewusstmachung von Ängsten ist dafür eine gute Übung (siehe Kapitel 25). Damit schaffen Sie in Ihrer Wahrnehmung Platz für das, was Ihnen tatsächlich nützt.

Ihre Kommunikationspartner nehmen natürlich ebenfalls selektiv wahr. Deshalb empfehle ich: Lassen Sie in Ihrer Kommunikation die Empathie und den Respekt walten, die bzw. den Sie sich selbst von anderen wünschen. Vor allem auf beruflicher und geschäftlicher Ebene rate ich zur sachlichen, argumentativen Kommunikation.

Oder Sie machen es wie der legendäre Fußballtrainer Hans Meyer. Wenn er kommunizierte, war auch immer viel Humor dabei. Da entstanden positive Emotionen von alleine. Wenn Meyer jemandem kommunikativ auf den Schlips trat, dann auch immer gleichzeitig auf seinen eigenen. Selbstironie ist die herzlichste Form der Eitelkeit.

Für Ihre erfolgreiche Kommunikation zusammengefasst einige Tipps:

1. Kommunizieren Sie authentisch. Machen Sie nicht mehr aus sich, als Sie sind. Aber auch nicht weniger. Das gilt auch für die Themen, wegen denen Sie kommunizieren.

2. Nehmen Sie Ihren Gesprächspartner ernst. Dazu gehört auch, dass Sie ihn aussprechen lassen. Er wird es wertschätzen.

3. Behandeln Sie in Ihrer Kommunikation andere Menschen so, wie Sie von ihnen behandelt werden möchten. Wie man in den Wald ruft, so ruft es zurück.

4. Hören Sie gut zu. Wenn Sie etwas ansprechen, wovon Ihr Gesprächspartner vorher berichtet hatte und eröffnen neue Aspekte, kann das manchmal wahre Wunder bewirken.

5. Überfordern Sie Ihren Kommunikationspartner nicht, z.B. mit zu vielen Informationen auf einmal. Er kann es sich gar nicht merken. Denken Sie an die selektive Wahrnehmung.

6. Kommen Sie entgegen. Rennen Sie jedoch niemandem hinterher. Interesse ist attraktiver als Notwendigkeit.

7. Kommunizieren Sie so, dass Sie es auch im Fall umgekehrter Vorzeichen (Anbieter/Kunde) immer noch vertreten könnten.

8. Bleiben Sie sachlich. Vor allem im Berufsleben. Persönlich können Sie immer noch werden. Aber es ist wesentlich schwieriger, zurück zu rudern.

9. Sehen Sie es mit Humor. Menschen lachen gerne.

Kapitel 29

Die Tatsachenentscheidung
**Warum Tatsachen manchmal relativ sind und wir der
Schiedsrichter unseres Lebens sind**

*„Wir haben nicht das Recht, jede Entscheidung des Schiedsrichters
zu kommentieren. Der lacht sich ja auch nicht tot, wenn wir einen
Fehlpass spielen."*

(Ewald Lienen)

Nach unserem Besuch in der Welt der Kommunikation kommen wir
zu einem weiteren Bereich, wo Tatsachen ein guter Ratgeber sind.

Der FC Bayern München ist Deutscher Rekordmeister. Fußball wird
mit einem runden Ball gespielt, nicht mit einem eckigen. Wer eine
Rote Karte bekommt, fliegt vom Platz. Das sind Tatsachen im Fußballsport, an denen es nichts zu rütteln gibt.

Borussia Dortmund und Borussia Mönchengladbach, beide fünf
Mal Deutscher Meister, bräuchten noch stolze 19 Jahre, um Bayern München einzuholen. Was den eckigen Ball angeht, glaube ich
auch nicht, dass dieser ins Spiel kommt. Obwohl im Weltfußballver-
band FIFA schon sehr kuriose Regeländerungen diskutiert wurden.
Da weiß man nie. Die Rote Karte bleibt hoffentlich auch eine Tatsache, da Sie zum sportlichen Miteinander einiges beiträgt. Wer sich
grob unsportlich verhält, muss in die Kabine. Das ist gut so.

Zur Fußball-WM in Brasilien gibt es zum ersten Mal eine Torkamera. Ich bin gespannt, wie das funktionieren wird. Denn im Ball soll
ebenfalls Technik eingebaut sein. So soll die Messtechnik verlässlich sein. Ob das Auswirkungen auf die Schusstechnik der Spieler
hat - lassen wir uns überraschen. Jedenfalls hätte die Torkamera ein
großes Drama in der Fußballhistorie verhindert: 1966, WM-Finale im
Londoner Wembley-Stadion, England spielt gegen Deutschland. Es
steht 2:2. Der Engländer Geoff Hurst schießt an die Latte. Der Ball
springt zurück ins Spielfeld. Doch der Schiri pfeift Tor. Jeder hat

gesehen, dass es kein Tor war. Seitdem millionenfach in Zeitlupe. Aber es steht 3:2 für England. Endstand 4:2. England ist Weltmeister. Deutschland hadert mit dem Fußballgott und mit der „Tatsachenentscheidung" des Schweizer Schiedsrichters Gottfried Dienst.

Das Wembley-Tor hat sich tief in unsere Köpfe eingebrannt. Als eine „Tatsachenentscheidung", die gemessen an der Faktenlage, eigentlich gar keine war. Wenn der Schiedsrichter pfeift, ist es für ihn jedoch eine „Tatsachenentscheidung". Er kann sich die Szene nicht in Zeitlupe anschauen. Er muss in Sekundenbruchteilen entscheiden. So wie er die Sache sieht. Und vergessen wir nicht: Auch ein Schiedsrichter ist nur ein Mensch. Auch er kann nur ca. sieben Informationen pro Sekunde bewusst wahrnehmen und verarbeiten.

Zwei andere Beispiele für falsche „Tatsachenentscheidungen" sind Maradonas berühmte Hand Gottes im Halbfinale der WM 1986 in Mexiko und das sogenannte Phantomtor von Stefan Kießling beim Bundesligaspiel von Bayer Leverkusen in Hoffenheim. Nach dem Spiel gab es heftige Proteste seitens der Hoffenheimer gegen dieses Tor, das keines war. Auch Vertreter anderer Vereine, viele Journalisten und Fans schalteten sich in die Diskussion ein. Schließlich stellte sich die berechtigte Frage, wie das Spiel wohl weitergegangen wäre, wenn… Ja, wenn. Hätte, wäre, wenn - die heilige Dreifaltigkeit der Spekulation. Der Vorschlag eines Wiederholungsspiels wurde schließlich vom DFB-Schiedsgericht abgelehnt. 1899 Hoffenheim akzeptierte das Urteil.

Auch wenn dieses Phantomtor eine klare Benachteiligung für die Hoffenheimer war, finde ich die Entscheidung dennoch sinnvoll. Denn sonst stellt sich nicht nur die Frage: Wo fängt eine „Tatsachenentscheidung" an und wo hört sie auf?

Seit dem Phantomtor von Hoffenheim überprüft übrigens jeder Torwart vor dem Spiel umso genauer sein Tornetz. Es wäre doch auch langweilig, wenn immer nur der Schiedsrichter Schuld ist.

Daneben sind Tatsachen oft genug sehr relativ. Zumindest in den Augen von Spielern, Trainern und Fans. Sie sehen es jeden Samstag in der Bundesliga. Für den einen Zuschauer ist die Grätsche eines Spielers in die Beine eines Gegners eine Rote Karte. Der andere Zuschauer winkt ab. Für ihn ist es normaler Einsatz. Das gehört dazu. Fußball ist kein Ponyhof. Vom Platz gehört der scheinbar gefoulte Spieler wegen einer Schwalbe und Schauspielerei. Die Wahrnehmung von Spielsituationen ist manchmal sehr selektiv. Man könnte auch sagen: Intensiv geprägt von persönlichen Befindlichkeiten bzw. Zu- und Abneigungen. Je nachdem, für welchen Verein wir spielen oder wessen Fan wir sind. Da müssen wir uns nichts vormachen. Wer könnte da im Zweifelsfall besser entscheiden als ein neutraler, unparteiischer Beobachter. Sprich: der Schiedsrichter.

Auch wenn Schiedsrichter immer wieder fragwürdige und unberechtigte Entscheidungen treffen werden, bin ich ein Freund der „Tatsachenentscheidung". Wie sollte es anders funktionieren? Ein Fußballspiel würde total zerfleddert werden. Ganz zu schweigen von Funktionären, die sich einmischen würden. Gäbe es dann „Tatsachenentscheidungslobbyisten"? Wer sollte ein Fußballspiel sonst leiten? Franz Beckenbauer die erste Halbzeit von Bayern gegen Dortmund und zum Ausgleich Hans-Joachim Watzke die zweite Halbzeit? Stellen Sie sich das vor. Es wäre das sportliche Chaos.

„Tatsachenentscheidungen" sind nicht immer perfekt. Keine Frage. In meinen Augen sind sie jedoch am besten und fairsten für alle Beteiligten. Auch wenn Schiedsrichter eine Fehlentscheidung treffen, tun sie es nach bestem Wissen und Gewissen. Davon gehe ich jedenfalls aus. Wenn wir Schiedsrichterleistungen schon vor dem Spiel misstrauen würden, bräuchten wir gar nicht erst anfangen. Auf längere Sicht gleichen sich „Tatsachenentscheidungen" sowieso wieder aus. Mir ist jedenfalls kein Fall bekannt, wo eine einzige mutmaßliche Fehlentscheidung, über eine ganze Saison betrachtet, maßgeblich für eine Meisterschaft oder für einen Abstieg war. Verantwortlich für Erfolg und Misserfolg sind im Ganzen gesehen immer die Akteure selbst. Und manchmal ist eben der Gegner einfach besser.

Schauen Sie in Sachen Entscheidungen einmal auf Ihr eigenes Leben. Auf Ihren Alltag. Auf Ihr Ziel. Im Fußball kann immer nur einer Deutscher Meister werden. In der Bundesliga streiten sich darum jedes Jahr 18 Mannschaften. Das ist IHR Vorteil. Dieser Herausforderung brauchen Sie sich nicht zu stellen. Ein Meister seines Fachs zu werden, bedeutet nicht, am Ende des Weges eine Schale in der Hand zu halten. Dafür können Sie sich nichts kaufen. Es bedeutet, möglichst gut zu werden, in dem, was Ihnen liegt, und dabei glücklich zu sein. Es sei denn, Sie wollen DER der Beste in etwas werden. Dann ist es keine „Tatsachenentscheidung". Dann ist es Ihre definierte Zielentscheidung und ich wünsche Ihnen viel Erfolg. Vielleicht kann Sie dieses Buch ja dabei unterstützen.

Neben diesen Zielentscheidungen treffen Sie in Ihrem Alltag lauter kleine „Tatsachenentscheidungen". Mehr oder weniger tun Sie das unentwegt. Mit jeder Handlung, die Sie tätigen, entscheiden Sie situativ. „Tatsachenentscheidungen" reflektieren Ihre Sicht der Dinge. In solchen Momenten sind Sie nicht nur der Spieler Ihres Lebens. Sie sind auch Ihr eigener Trainer und Schiedsrichter.

Grundsätzlich ist es sinnvoll, Sie treffen – sofern möglich – Entscheidungen selbst. Die Frage, ob eine Entscheidung Ihre Zukunft betrifft, stellt sich gar nicht. Denn letztlich betrifft jede noch so kleine Entscheidung Ihre Prägung und damit auch Ihre Zukunft.

Die Frage ist allerdings: Wie kommen Sie zu einer Entscheidung? Welche Aspekte motivieren Sie dazu?

Oftmals treffen wir unsere Entscheidungen nicht nur aus eigenem Antrieb oder Gutdünken heraus. Wir besprechen Pläne und Herausforderungen mit anderen Menschen. Bei Zielentscheidungen ist das sinnvoll. Wenn nicht sogar notwendig, um unser Ziel zu erreichen. Dafür haben wir z.B. unsere stillen Stars im Hintergrund (siehe Kapitel 27).

Vergessen wir jedoch nicht: Unsere stillen Stars sind alle irgendwie befangen. Auf die eine oder andere Art stehen wir mit ihnen in einer

Beziehung. Nur selten können sie uns neutral beraten. Zudem hat jeder unserer stillen Stars eine persönliche Prägung. Was der eine als Glücksfall unseres Leben betrachtet, da schlägt der andere vielleicht die Hände über dem Kopf zusammen. In solchen Fällen hat es gar nichts mit Ihnen zu tun, sondern mit der Prägung des anderen.

Neutrale Beobachter sind ebenfalls durch persönliche Wertigkeiten und Erfahrungen geprägt. Sie sind jedoch nicht befangen gegenüber unseren Belangen. Wie die Schiedsrichter im Fußball beraten sie situativ und selektiv. Oftmals vor dem Hintergrund, dass sie uns gar nicht kennen. Das ist unser Glück. Umso unbefangener können wir unsere Zielentscheidung dann selbst treffen.

Übrigens, noch ein Nachtrag in Sachen „Tatsachenentscheidung": Fußball WM 2010 in Südafrika. Achtelfinale. Deutschland gegen England. Es läuft die 38. Minute. Es steht 2:1 für Deutschland. England hat gerade den Anschlusstreffer erzielt. Der Engländer Frank Lampard schießt wuchtig aus 25 Metern aufs deutsche Tor. Der Ball knallt an die Latte, dann ein gutes Stück hinter die Torlinie. Die Zeitlupe zeigt eindeutig: Tor. Doch der Schiedsrichter lässt weiterspielen. Deutschland gewinnt das Spiel mit einer furiosen Leistung. Manch einer sprach nach dem Spiel von ausgleichender Gerechtigkeit. Das ist natürlich reine Spekulation. Aber ich würde sagen: Nur wer die Gerechtigkeit sucht, der findet sie auch.

In diesem Sinne habe ich folgende Tipps für Ihre Entscheidungen:

1. Treffen Sie für Ihre persönlichen Ziele eigene, persönliche Entscheidungen.

2. Treffen Sie für gemeinsame Ziele gemeinsame Entscheidungen.

3. Wenn Sie selbst entscheiden wollen und nicht können, suchen Sie nach Wegen, um dies zu ändern.

4. Wenn Sie selbst entscheiden, bedenken Sie auch die Konsequenzen, die daraus entstehen.

5. Wenn Sie nicht selbst entscheiden möchten, akzeptieren Sie es, wie andere entscheiden. Sie wollten es so.

6. Besprechen Sie Zielentscheidungen mit Ihren Liebsten bzw. mit Ihren stillen Stars. Bedenken Sie jedoch die persönlichen Beziehungen und Befindlichkeiten.

7. Lassen Sie sich bei Zielentscheidungen von neutralen Fachleuten beraten. Sie können mit Know-how und Erfahrung eine sehr große Unterstützung sein. Vor allem bei der Umsetzung einer Entscheidung.

8. Bedenken Sie, dass Sie es bei Ihren Entscheidungen kaum allen anderen recht machen können. Erwarten Sie das jedoch auch nicht umgekehrt.

9. Vertrauen Sie bei „Tatsachenentscheidungen" Ihrem Gefühl. Benutzen Sie ihren Kopf, um sie zu realisieren.

10. Tor in Ihrem Leben ist, wenn SIE pfeifen; es ist Ihr Leben, also auch Ihre Entscheidung, was sie daraus machen.

Kapitel 30

Jeder ist ein Spielertrainer
Fördern Sie andere, dann fördern Sie auch sich selbst

„Mario hatte so viel Talent, dass selbst ich das nicht kaputt trainieren konnte."
(Christian Doese, E-Jugend-Trainer von Mario Götze)

Nun geht es gleich weiter mit Entscheidungen und Maßnahmen, die auf Tatsachen basieren. Auf tatsächlichen Tatsachen.

Es ist hinlänglich bewiesen, dass Menschen umso bessere Leistungen erbringen, desto mehr ihre Aufgaben ihren Fähigkeiten entsprechen. Oder andersrum gesagt: Was hätten Sie als Fußballtrainer davon, wenn Sie Mario Götze als Torwart aufstellen?

Ich habe ganz bewusst dieses Beispiel für verschenkte Fähigkeiten gewählt, weil genau das täglich passiert. Nicht beim FC Bayern München. Nicht beim DFB. Nicht unbedingt auf dem Fußballplatz. Dafür ständig in unserem Alltag. Sowohl in der Freizeit als auch im Berufsleben ist es immer wieder zu erleben, dass Menschen Dinge tun sollen – oder auch wollen – für die sie kein Talent haben. Handwerklich begabte Menschen sollen Sachen verkaufen. Verkaufstalente sollen Senioren pflegen. Kreative Leute sollen Buchhaltung machen.

Immer wieder begegne ich Menschen, die sich einerseits überfordert fühlen von Aufgaben, zu denen sie keinen Bezug haben. Andererseits fühlen sie sich unterfordert, weil sie nicht machen können, was ihnen liegt, worauf sie Lust haben, und wo sie Großes leisten könnten.

Mein Job ist es dann, mit ihnen gemeinsam herauszufinden, was sie wirklich können, was sie tatsächlich wollen. Vor allem ist es meine Herausforderung, sie auf den Weg dorthin zu bringen. Wie Sie auf den letzten Seiten schon gelesen haben, ist der Wille entscheidend für den Weg, den Sie gehen möchten. Dazu gehört die Bereitschaft, die dafür notwendigen Dinge dafür tatsächlich anzupacken.

Nur wer ein Ziel hat, kann die Richtung dorthin einschlagen. Nur wer die ersten Schritte geht, kommt weiter. So banal es klingen mag, es ist tatsächlich so.

Man kann sich natürlich fragen, warum Menschen manchmal auch Aufgaben bekommen, für die sie nicht geeignet sind. Wobei sich hier in meinen Augen zwei noch wichtigere Frage stellen: Weiß derjenige, der eine Herausforderung gestellt bekommt, ob er dafür geeignet ist? Und weiß der Auftraggeber von den Fähigkeiten des Auftragnehmers? Oder anders gesagt: Wenn Sie wüssten, was er kann, dann könnten Sie besser mit ihm arbeiten.

Insofern ist es gut, schon zu Beginn eines gemeinsamen Projektes darauf zu achten, wo Förderung Sinn macht. Auf jeden Fall tun Sie immer gut daran, jemanden zu dem zu motivieren, wozu er tatsächlich fähig ist oder werden kann. Alles andere macht keinen Sinn. Weder für Sie noch für den Geförderten. Schon gar nicht für ein gemeinsames Ziel. Setzen Sie Vertrauen in die wirklichen Fähigkeiten eines anderen Menschen, wird er es ihnen umso mehr zurückgeben. Damit wird Ihr gemeinsames Ziel umso greifbarer und es wird umso schöner, wenn Sie es erreichen.

Übrigens, auch wenn es seltsam klingt, ist das Fördern anderer am notwendigsten, wenn Sie gemeinsam im Sumpf stecken. Dann ist es auch am effektivsten. Es kann enorme zusätzliche Kräfte freisetzen. Denken Sie z.B. an Borussia Mönchengladbach. Vor einigen Jahren spielten die Fohlen noch gegen den Abstieg. Die Mannschaft war sich klar: Sie sitzen alle in einem Boot. Dennoch paddelte jeder in eine andere Richtung. Jeder hatte eine andere Vorstellung von dem, was notwendig wäre, um aus dem Abstiegskeller rauszukommen. Doch keiner konnte seine Talente dementsprechend entfalten. Dann kam der neue Trainer Lucien Favre. Er verstand es, das „Dein Erfolg ist mein Erfolg-Gefühl" zu vermitteln. Und siehe da, Gladbach krabbelte langsam, aber sicher, aus dem Tabellenkeller. Schon ein Jahr später spielten sie sogar um die Meisterschaft mit und erreichten fast die Champions-League. Auch heute ist Gladbach wieder gut dabei.

Für das Fördern anderer habe ich folgende konkrete Tipps für Sie:

1. Betonen Sie die Talente Ihrer Freunde, Partner und Kollegen. Sprechen Sie sie darauf an. Vielleicht sind sie sich (noch) gar nicht bewusst darüber. Ein Anstoß von außen kann viel bewirken.

2. Gehen Sie von sich selber aus. Möchten Sie, dass man Ihnen nur Ihre Schwächen vor Augen hält? Das will keiner.

3. Seien Sie nicht so neidisch, wenn jemand etwas sehr gut kann, was Sie vielleicht nicht können. Nicht jeder ist Mario Götze. Aber Mario Götze kann bestimmt auch einiges nicht, was Sie können.

4. Wenn Sie sich über die Fähigkeiten anderer Menschen nicht genau bewusst sind, lassen Sie sie doch einfach mal machen. Dann sehen sie schon, was sie können.

5. Fördern Sie andere, wenn es darum geht, dort wegzukommen, wo Sie beide nicht sein wollen. Dann ist es am wichtigsten.

6. Fördern Sie andere, um dort hinzukommen, wo Sie zusammen hinwollen. Dann ist es nicht nur wichtig. Dann ist es auch am schönsten, wenn sie Ihr gemeinsames Ziel erreichen.

Kapitel 31

Der internationale Wettbewerb
Persönliche Anforderungen in Zeiten globaler Herausforderungen

„Man kann nicht von uns verlangen, dass wir im nächsten Jahr die Champions League im Nebenwaschgang gewinnen."
(Karl-Heinz Rummenigge)

Machen Sie sich bereit für das Saisonfinale. Nun geht es auf die Zielgerade und darum, Ihre Energiereserven zu aktivieren.

In der Fußballbundesliga kam es am letzten Spieltag schon zu höchst dramatischen Entscheidungen. Das Herzschlag-Finale von 2001 haben wir alle noch in Erinnerung. Schalke 04 feierte schon vier Minuten lang die Meisterschaft. Ein Freistoßtor von Bayern München in der Nachspielzeit degradierte die Schalker jedoch wieder zum Meister der Herzen. Wenn nicht gar zum Meister der Schmerzen.

Das muss man sich einmal vorstellen. 34 Spieltage lang kämpfen die Teams jeweils 90 Minuten mit höchster Konzentration. Knapp 50 Stunden lang geben sie alles. Trainingseinheiten, Besprechungen etc. gar nicht mit eingerechnet. Und erst in allerletzter Sekunde entscheidet sich, wer am Ende ganz oben steht. Das ist Dramatik pur. Fluch und Segen zugleich. Aber solange alles möglich ist, ist eben alles möglich.

Genau das ist Ihre Chance für Ihre persönliche Meisterschaft. Bis der Schiedsrichter zum letzten Mal pfeift, ist alles drin. Deshalb lautet das Motto von Könnern: Echte Champions geben niemals auf. Schon gar nicht, wenn sie scheinbar keine Chance mehr haben.

Entschlossenheit macht Könner umso handlungsstärker für finale, entscheidende Situationen. Vor allem auch im internationalen Geschäft. Denn woanders auf der Welt ticken die Uhren nicht nur wegen der Zeitverschiebung anders. Auch in ökonomischer, psychologischer und soziokultureller Hinsicht gibt es teilweise erhebliche Unterschiede.

Nun könnte ich natürlich für einzelne Gebiete und Kulturkreise die entsprechenden Gos und No-Gos aufzählen. Aber die können Sie besser im Internet nachlesen wie z.B., dass es Asiaten zum Gruße schätzen, wenn man die eigenen Handflächen vertikal aufeinander legt. Ich möchte Sie lieber dazu motivieren, sich selbst zu vertrauen und den Menschen so zu begegnen, wie Sie es sich von ihnen wünschen.

Gerade auch in anderen Kulturkreisen sind Sie am besten, wenn Sie authentisch sind. Nicht, wenn Sie sich verstellen. Ob nun beruflich oder privat. Sie befinden sich in der Fremde, da ist ein starkes Selbstbewusstsein nicht so selbstverständlich wie bei einem Heimspiel.

Deshalb seien Sie entschlossen. Wissen Sie, was Sie wollen. Behalten Sie Ihr Ziel vor Augen. Vergessen Sie jedoch Ihre Offenheit und Ihre Spontanität nicht, auch neue, unbekannte Wege zu gehen. Die Menschen werden beides zu schätzen wissen. Zu wissen, was Sie wollen, bringt Ihnen Respekt. Offenheit bringt Ihnen Anerkennung, weil sie die Menschen und ihren Kulturkreis anerkennen. Man wird es zu schätzen wissen. Sie werden sehen.

In Wirtschafts- und Politikkreisen wird immer wieder über eine Weltwährung gesprochen. Bisher haben wir mit Euro, Dollar, Yen, Rubel und einigen anderen Währungen immer noch diverse verschiedene Zahlungseinheiten. Im Kapitalismus mag das Sinn machen. Allerdings stellt sich mir schon manchmal die Frage, wie lange so viele verschiedene Währungen in einer globalisierten Welt noch zeitgemäß sind. Denn auf meinen Reisen ins Ausland stelle ich immer wieder fest: Die eigentlichen Währungen zwischen den Menschen lauten ganz anders. Sie heißen Vertrauen, Respekt, Offenheit, Verlässlichkeit und nicht zuletzt Humor. Weisen Sie diese Eigenschaften in Begegnungen oder in Geschäften mit Menschen auf, rückt die Zahlungseinheit schon einmal erheblich in den Hintergrund. Da kann ein Produkt am anderen Ende der Welt plötzlich einen winzigen Bruchteil des offiziellen Preises kosten, nur weil der Verkäufer in Ihren einen Menschen sieht, mit dem man etwas anfangen kann. Ebenso kann es erheblich teurer werden, wenn er diesen Eindruck nicht bekommt. Insofern wird vielleicht mit Geld bezahlt. Gehandelt wird jedoch mit Menschlichkeit.

Kommen wir zu einem weiteren Punkt, der auf internationalem Parkett noch wichtiger ist als zuhause: Der Wettbewerb mit sich selbst.

Champions orientieren sich nicht groß an ihrem Gegner auf dem Platz. Sie orientieren sich am eigenen Können und am Anspruch an sich selbst. Sie wollen kein Opfer ihres inneren Schweinehundes, ihrer hinderlichen Gewohnheiten, ihrer negativen Prägungen sein. Sie wollen sich selbst auf die Schulter klopfen, dass sie sind, wer sie sein möchten.

Das ist übrigens keine nationale Volksweisheit, wie im Zitat von Gary Lineker am Anfang dieses Buches. Es ist eine internationale Erfolgsweisheit.

Denken Sie an Zlatan Ibrahimović und seine schwedischen Kollegen im Länderspiel gegen Deutschland (siehe Kapitel 18). Die Schweden wollten nicht ernsthaft noch gewinnen. Sie wollten sich gut verkaufen. Es war für sie eine Frage der Ehre, noch Paroli zu bieten.

Natürlich wollen Meister auch gegen andere gewinnen. Am liebsten gegen andere Meister. Das macht z.B. die Champions League so attraktiv. Wenn Real Madrid gegen Bayern München spielt oder Juventus Turin gegen den FC Barcelona, steht den Akteuren schon vor dem Match das Adrenalin bis zum Anschlag. Das ist der internationale Wettbewerb. Das ist die ganz große Bühne fußballerischer Fähigkeiten.

Erst wer gegen einen großen Verein gewinnt, darf sich selbst als großen Verein bezeichnen. Erst wer sich als Spieler gegen einen meisterlichen Spieler durchsetzt, darf sich selbst Champion nennen.

Es ist ja nicht jeder wie Zlatan Ibrahimović. Ein Typ wie er zweifelt nie an sich. Er bringt höchstens andere zum Verzweifeln.

Für Ihren internationalen Wettbewerb sind hier folgende konkrete Tipps:

1. Geben Sie nicht auf. Vor allem dann nicht, wenn es am schwierigsten ist. Der Tag geht auf, wenn die Nacht vorbei ist.

2. Vertrauen Sie auf fremdem Parkett Ihren eigenen Fähigkeiten. Bleiben Sie authentisch.

3. Wenn Sie ins Ausland reisen, informieren Sie sich vorher über die regionalen Gegebenheiten. Googeln Sie, lesen Sie. Aber lassen Sie auch Raum für Spontanität und für Neues.

4. Messen Sie Ihren Wert nicht am Wert anderer. Champions gewinnen zuerst gegen sich selbst. Dann gegen andere.

5. Vertrauen Sie internationalen zwischenmenschlichen Währungen: Respekt, Offenheit, Verlässlichkeit, Vertrauen und Humor

6. Fordern Sie Ihre eigenen Fähigkeiten heraus. Nicht für andere, sondern für sich selbst.

7. Denken Sie global. Reden Sie lokal. Lieber mit einem Lächeln als mit erhobenem Zeigefinger.

Kapitel 32

Verantwortung schafft Begeisterung
Wie wir an Aufgaben wachsen und warum wir keine Scheu haben sollten, Fehler zu machen

„Wir halten den Kopf hoch, auch wenn der Hals schon dreckig ist."
(Dirk Heinen, Ex-Torwart)

Nun komme ich zu einer Sache, die für unser Handeln ebenfalls wesentlich ist: Verantwortung.

Mit der Verantwortung ist es sonderbar. Generell mögen wir sie. Wie die Anerkennung, den Respekt und die Motivation. Diese „Dinge" nehmen wir gerne an. Auch den Erfolg und eine angemessene Bezahlung für unsere beruflichen Leistungen. Da sagen wir nicht nein. Bei der Verantwortung verhalten wir uns jedoch häufig lieber umgekehrt. Verantwortung geben wir lieber ab. Vor allem, wenn der Erfolg noch in Frage steht, der mit der Verantwortung verknüpft ist.

Denken Sie an den Fußball. Ein Spieler spielt einen miserablen Pass. Wer ist dafür verantwortlich? Fragen Sie das den Spieler, hören Sie in der Regel einen dieser drei Gründe: Schlechte Platzverhältnisse, mangelhafte Ballqualität oder unaufmerksame Mitspieler. Ein besonders dankbarer Sündenbock ist der Schiedsrichter. Ihn kann man für so gut wie alles verantwortlich machen. Das Argument „Der Schiri hat Unruhe ins Spiel gebracht" greift immer, um von der eigenen Fehlbarkeit abzulenken.

Schon an diesen Beispielen sehen Sie, was die Verantwortung so heikel macht. Es sind die nicht die Fehler, die wir machen. Es sind auch nicht die Fehler, die andere machen. Wir können jedoch erwarten, dass sie zu ihren Fehlern stehen und bereit sind, sie wieder gut zu machen. Und genau das sollten wir auch bieten. Hier beginnt die Verantwortung. Sie hat mit Handeln zu tun. Nicht mit Perfektion.

Die Frage ist: Wie können wir Perfektion von jemandem erwarten, wenn wir selbst nicht perfekt sind? Erwartet er Perfektion von uns? Vielleicht glauben wir das nur und erwarten deshalb Perfektion von ihm.

Ein Schiedsrichter fordert von Fußballspielern nicht, dass sie perfekt sind. Das eine oder andere Foul kann vorkommen. Das bringt die Hitze des Gefechts im Fußball mit sich. Das weiß er auch. Er ist dafür da, um Regeln durchzusetzen. Das ist sein Job. Das ist seine Verantwortung.

Mit dem Perfektionswahn schaffen wir manchmal eine geradezu unmöglich erfüllbare Erwartungshaltung. Damit nehmen wir dem Erfolg schon vorher die Möglichkeit, überhaupt einzutreten. Nehmen Sie den Fußball als Beispiel. Kein Spieler ist perfekt. Nicht einmal Messi oder Ronaldo. Auch sie spielen Fehlpässe. Jeder Torhüter greift irgendwann daneben. Trainer wechseln nicht immer die richtigen Spieler ein. Würden Fußballstars mit dem inneren Zwang ins Spiel gehen, alles perfekt machen zu wollen, es würde kaum gelingen. Dann wären sie übermotiviert und würden innerlich verkrampfen. Dann wären sie mental nicht auf der Höhe. Dann sind sie im Tunnel. Das haben wir schon oft genug gesehen.

Zu wissen, was man kann, Raum lassen für die Überraschung, auch einmal für einen Fehler – mit dieser Einstellung kommen Sie auf Dauer wesentlich weiter als wenn Sie von Anfang alles perfekt machen wollen.

Situative Perfektion gibt es durchaus. Ein perfekter Schuss. Eine perfekte Parade. Ein perfektes Dribbling. Dies sind Produkte intensiver Vorarbeit, höchster Motivation und großen Könnens. Sie sind alles andere als Wahn. Sie sind höchstens der reinste Wahnsinn, wenn man dabei zuschaut.

Schauen Sie sich einmal in der Berufswelt um. Beispielsweise bei der Suche nach Nachwuchs. In vielen Branchen werden von Berufseinsteigern neben einem erstklassig abgeschlossenen

Studium auch Praxis- und am besten Auslandserfahrung erwartet. Herausragende fachliche Leistungen, höchste Belastbarkeit und ein paar gewonnene Preise sind schon fast selbstverständlich. Mit solch einer Vita sind Sie eigentlich schon gut trainiert, um Verantwortung in einem Unternehmen zu übernehmen. Allerdings wird ein solcher Lebenslauf nicht für Führungspositionen erwartet, sondern schon für ein Praktikum.

Da frage ich mich: Wie soll ein junger Mensch Verantwortung lernen, wenn man ihn nicht in die berufliche Verantwortung hineinwachsen lässt?

Oder wie es der tschechische Autor und spätere Staatspräsident Václav Havel formulierte: „Unser Handeln ist stets von Verantwortung durchleuchtet. Das Wesen dieser Verantwortung bildet die dauernde Spannung zwischen unserem Ich und der Erfahrung außerhalb von uns."

Verantwortung ist kein Ergebnis. Verantwortung lässt sich nicht reduzieren auf Schuld. Verantwortung ist ein Entwicklungsprozess. Verantwortung können Sie nicht erreichen. Denn Sie haben sie schon längst. Zumindest für sich selbst. Sie beginnt mit dem ersten Schritt, den Sie auf dem Weg zu einem Ziel gehen. Denn für Ihr Handeln sind Sie selbst verantwortlich. Niemand sonst. Keine schlechten Platzverhältnisse. Auf diesem Platz müssen alle spielen. Kein mangelhaftes Schuhwerk. Dann wechseln Sie die Schuhe. Kein Mitspieler auf dem falschen Laufweg. Spielen Sie genauer.

Genauso ist es mit der Verantwortung außerhalb des Fußballs: Wenn morgens der Bus zur Arbeit immer schon weg ist, dann gehen Sie ein paar Minuten früher los. Nicht der Busfahrer ist dafür verantwortlich, dass Sie pünktlich sind. Sie sind es. Wenn Ihr Partner immer etwas kocht, das Sie nicht mögen, dann sagen Sie es ihm, wie Sie es mögen. Wenn er weiter absichtlich so kocht, dass Sie es nicht mögen, dann fragen Sie sich, warum Sie das akzeptieren und ob es der richtige Partner für Sie ist. Auch dafür sind Sie verantwortlich. Nicht Ihr Partner.

Es geht um Ihr Glück. Dafür sind Sie verantwortlich. Nur Sie. Und das ist auch gut so. Denn dazu sind auch nur Sie fähig.

Insofern sollten wir dankbar sein. Denn wir müssen nicht für unser Leben verantwortlich sein. Wir dürfen es. Wir haben die Freiheit dazu. Auch die Freiheit, individuelle Fehler zu machen. Denn wir machen immer nur unsere eigenen Fehler. Wir machen nicht die Fehler der anderen. Deshalb brauchen wir dafür auch keine Verantwortung zu übernehmen. Wenn wir es dennoch tun, ist das ein Zeichen von charakterlicher Größe. Wie ein Fußballtrainer, der sich vor seine Mannschaft stellt. Wie ein Abteilungsleiter, der sich vor seine Mitarbeiter stellt. Wie ein Freund, der sich vor seine Freunde stellt. Und wissen Sie was: In solchen Momenten schafft Verantwortung Begeisterung. Weil Menschen von solchen Menschen begeistert sind.

Denken Sie an den Fußball. Wenn einzelne Spieler Verantwortung übernehmen. Weil sie den unbedingten Willen haben, ein Spiel zu drehen oder zu gewinnen. Dann reißen sie ihre Mitspieler förmlich mit. Ihre Kollegen können dann gar nicht mehr anders. Wie würde das auch aussehen, wenn alle ihr Letztes geben, aber einer nur herum stehen würde. Das sind dann die magischen Momente, wo die berühmte La-Ola-Welle über die Tribüne rollt. Dann machen sogar die trägen Besucher auf der Haupttribüne mit. Das ist Begeisterung mit Schneeballeffekt. Geschaffen durch das Verantwortungsgefühl Einzelner.

Manchmal passieren dadurch sogar Sachen, die man sich kaum vorstellen kann. Nach dem denkwürdigen 4:4 in Deutschland wurde in Schweden der Begriff „zlatanieren" offiziell in den Wortschatz aufgenommen. Es ist eine Hommage an Zlatan Ibrahimović und an seine außergewöhnlichen Leistungen. Dabei wissen die Schweden sehr wohl, dass ihr Landsmann nicht immer Glanztaten vollbracht hatte. Vielmehr hat er auch zahlreiche Fehler gemacht. In sportlicher wie auch in privater und persönlicher Hinsicht. Sie wissen aber auch: Ilbrahimović übernahm für jeden seiner Fehler die Verantwortung. Das begeistert die Skandinavier offensichtlich so sehr, dass sie ihm ein eigenes Wort gewidmet haben. „Zlatanieren" bedeutet übrigens dominieren.

Inwieweit uns der Fußball in Sachen Verantwortung ein Vorbild sein kann, zeigt auch ein Spruch des französischen Nobelpreisträgers Albert Camus: „Was ich schließlich am sichersten über Moral und Verantwortung weiß, verdanke ich dem Fußball."

Insofern habe ich zum Thema Verantwortung folgende Empfehlungen für Sie:

1. Betrachten Sie Verantwortung nicht als Schuld. Sie schulden niemandem etwas, wenn Sie Verantwortungsbewusstsein zeigen.

2. Scheuen Sie sich nicht vor Fehlern. Je mehr Angst Sie vor Fehlern entwickeln, desto eher machen Sie welche.

3. Aus Fehlern können Sie immer lernen, wie es besser geht. Also können Sie aus Fehlern nur gewinnen – so oder so.

4. Übernehmen Sie Verantwortung für Ihre Motivation und für Ihre Ziele. Was andere daraus machen und wie sie es interpretieren, dafür sind Sie nicht verantwortlich.

5. Gestehen Sie anderen Menschen Fehler zu. Erwarten Sie keine Perfektion. Erwarten Sie Engagement.

6. Es gibt keine schlechten Platzverhältnisse. Alle spielen mit demselben Ball. Das gilt für alle Lebensbereiche. Er gibt nur mangelhafte Vorbereitung und ungenügende Ausreden.

7. Lassen Sie sich anstecken von der Verantwortungsbereitschaft anderer Menschen. Verantwortung ist sexy.

Kapitel 33

Kauf mich – nicht
Warum wir uns von keinem Geld der Welt verrückt machen lassen sollten

„Zehn Millionen sind heute kein Geld mehr, dafür kaufen die Engländer den Platzwart."

(Franz Beckenbauer)

Achtung, in diesem Kapitel geht es um Geld. Da hört bekanntlich die Freundschaft auf. Für manche fängt die Freundschaft auch erst an. Entweder die Freundschaft zu Geld oder zu Gleichgesinnten.

Wissen Sie, was der linke Fuß von Messi wert ist? Das Original ist natürlich unbezahlbar. Für alles andere gibt es Kreditkarten. Die originalgetreue, vergoldete Nachbildung von Messis Fuß können Sie aber auch in bar kaufen. Für vier Millionen Euro. Sie ist 25 Kilogramm schwer. Man erkennt daran jedes Blutgefäß.

Dieses Werk hat der japanische Bildhauer Ginza Tanaka geschaffen. Wer denkt, dafür wird doch niemand so viel Geld ausgeben, der täuscht sich gewaltig. Diverse Interessenten sollen sogar zu Blankoschecks für den Abdruck von Messis Zauberfüßchen bereit sein.

Für alle, die leer ausgehen, was Messis Fuß in Gold angeht, gibt es einen stattlichen Trost: Außer der originalgetreuen Nachbildung kommen auch Miniaturausgaben und Platten mit einem goldenen Fußabdruck des 25-Jährigen in den florierenden Fanartikelhandel. Messis Fuß in Miniaturform kostet 32.000 Euro, sein Fußabdruck 72.500 Euro.

Verrückt, wofür Menschen Geld ausgeben. In diesem Fall ist es für eine sinnvolle Sache. Ein Großteil des Erlöses kommt über die Leo Messi-Stiftung Kindern zugute, die Opfer des verheerenden Tsunami in Japan im Jahr 2010 wurden.

Es gibt noch verrücktere Beispiele dafür, was der Fußball bewirken kann, wenn es ums Geld geht. Marktwerte für Spieler im fast
dreistelligen Millionenbereich und Milliardensummen für Übertra-
gungsrechte sind ja quasi schon ein alter Hut. Ebenso wie Milliardä-
re, die ganze Fußballklubs kaufen. Heutzutage kann jedoch schon
ein Papierknäuel 4.500 Euro wert sein. Für diese Summe hat ein
unbekannter Fan von Werder Bremen die sogenannte Papierkugel
Gottes bei Ebay ersteigert. Dieses Papierknäuel lag 2009 im UEFA-
Pokal-Halbfinale (heute Europa-League) zwischen Bremen und dem
HSV in der Nähe des Hamburger Tors. Achtlos von einem Zuschauer aufs Spielfeld geworfen. Als der dänische HSV-Verteidiger
Michael Gravgaard den Ball zu Torwart Frank Rost spielen wollte,
hoppelte er über den Papierknäuel und von dort ins Aus. Der darauf
folgende Eckball führte, durch einige weitere unglückliche Verket-
tungen, zum entscheidenden 3:1 für Werder Bremen führt. Bremen
steht damit im UEFA-Cup-Finale. Hamburg schied aus.

Bis zum Finale versteigerte der TV-Sender Sat.1 dann die Papierkugel Gottes – in Anspielung an Diego Maradonas Hand Gottes
– dann im Internet. Das Auktionsende war für 23:00 Uhr ange-
setzt und sollte damit in etwa zeitgleich zum Abpfiff des Endspiels
auslaufen. Bremen verlor schließlich gegen Donezk. Hätte Werder
gewonnen, dieses Papierkügelchen wäre einem Fan im Taumel
des UEFA-Cup-Siegs garantiert weitaus mehr als 4.500 Euro wert
gewesen.

Was sagt uns das? Ein Ball kann sogar aus Papier sein. Dann rollt
er zwar nicht. Aber dafür rollt der Rubel. Ein Fuß kann aus Gold
sein. Dann schießt er zwar nicht. Aber dafür hilft er Kindern. Anhand
dieser bewusst provokativ, fast schon irrational formulierten Beispiele sehen Sie, worum es mir in der Essenz geht: Die Sache mit
dem Geld ist äußerst relativ.

Ein Fußballer wie Ronaldo hat einen Marktwert von ca. 100 Millionen Euro. Dafür muss ein Facharbeiter bei einem Jahresgehalt von
ca. 50.000 Euro ganze 2000 Jahre arbeiten. Das liest sich absurd,
nicht wahr?! Wissen Sie, was ich viel absurder finde? Die ganzen

Milliarden, die im Zuge der sogenannten Euro-Krise hin und her transferiert werden, um Löcher zu stopfen, die es gar nicht gibt. Denn über 90 Prozent des Geldes, von dem in den Nachrichten geredet wird, gibt es eigentlich gar nicht bzw. hat keinen Gegenwert. Es ist Produkt aus Zinsen und Zinseszinsen. Da lobe ich mir einen Spieler wie Ronaldo, denn er hat einen Gegenwert. Nicht nur durch starke sportliche Leistungen, auch durch sein werbewirksames Auftreten hat er in drei Jahren bei Real Madrid seine 100 Millionen Euro wahrscheinlich längst wieder eingespielt.

Mit dem Geld scheint es mir manchmal zu sein wie mit den Frauen. Oder auch umgekehrt aus der Sicht vieler Frauen auf uns Männer: Man kann nicht mit ihm - dem Geld - aber auch nicht ohne.

Als im Frühjahr 2013 der neue internationale Wettskandal im Fußball ans Licht kam, habe ich mich sehr gewundert. Da war die Rede davon, dass es um 8 Millionen Euro ging. Hunderte von manipulierten Spielen, auch in der Champions League, also hunderte von bestochenen Spielern, Schiedsrichtern etc., über Jahre hinweg und nur 8 Millionen Euro Umsatz? Das kann ich angesichts des Risikos, dass einer der Beteiligten bzw. Bestochenen nicht mitmacht, bis heute kaum glauben. Ich befürchte, wir werden im internationalen Fußball in den nächsten Jahren noch die ein oder andere weitere Überraschung erleben.

Auf dem Weg zu Ihrer persönlichen Meisterschaft braucht Sie das natürlich nicht kümmern. Falls Ihr Verein von Manipulation betroffen ist, sehen Sie's mit Humor. Mit der Zeit gleicht sich alles wieder aus. Die eigenen Fähigkeiten, der eigene Wille und die Zufälle des Lebens spielen auch im Fußball eine entscheidende Rolle. Es wird kaum jemand den Werfer der Papierkugel Gottes bestochen haben können, dass er genau an diese Stelle wirft. Auch nicht den Hamburger Verteidiger, dass er genau so einen Ball spielt, damit ihn das Papierkügelchen zur Ecke lenkt und genau danach ein entscheidendes Tor fällt.

Außerdem bin ich davon überzeugt, dass die überwältigende Mehrheit der Fußballprofis kein Interesse daran hat, sich bestechen zu lassen. Ihnen sind tatsächliche Leistungen wichtiger als manipulierte. Es ist für mich auch ein Ausdruck von optimistischem Realismus, mit solchen Herausforderungen leben zu lernen.

Sogenannte schwarze Schafe gibt es in allen Branchen und Bereichen. Letztlich kommt es jedoch immer darauf an, wie wir mit ihnen umgehen, und was wir selbst aus dem machen, was wir haben und nicht haben. Ob es nun Talente sind, einen starken Willen, tolle Ziele – oder eben Geld.

Geld brauchen wir alle für unseren Lebensunterhalt. Das ist klar. Es beruhigt. Aber macht es glücklich? Ich denke ja, wenn wir es als realistischen Gegenwert für das betrachten, wofür wir uns engagieren und was wir auf die Beine stellen. Niemand will umsonst arbeiten. Keine Verkäuferin, kein Friseur, kein Künstler, aber auch kein Profifußballer. Deshalb gehört es dazu, dass wir Eintritt ins Stadion bezahlen müssen. Denn einen Teil bekommen die Spieler dafür, dass wir mit ihnen mitfiebern können und dass der Fußball unser Leben bereichert. Das ist nur fair. Und vergessen wir nicht. Wir haben es selbst in der Hand, Eintrittskarten oder Trikots für 120 Euro zu kaufen – oder eben nicht. Solange die Stadien immer voller werden und der Absatz von Fanartikeln floriert, hat der ökonomisierte Fußball keinen triftigen Grund, etwas zu ändern. Und wenn wir ehrlich zu uns selbst sind: Wir würden es vielleicht auch nicht tun, wenn wir es in der Hand hätten.

In diesem Sinne habe ich folgende Tipps für Sie im Umgang mit Geld auf dem Weg zu Ihrem Ziel:

1. Verkaufen Sie Ihre Leistung. Nicht Ihre Seele.

2. Geld ist ein Zahlungsmittel. Bewerten Sie es nicht über.

3. Bleiben Sie fair. Ob als Anbieter oder Kunde. Ob als Käufer oder Verkäufer. Denken Sie daran, wie es umgekehrt wäre.

4. Wenn es Ihr Ziel ist, reich zu werden, denken Sie auch daran, was Sie dann machen. Davon haben Sie mehr.

5. Seien Sie großzügig, aber verschenken Sie nichts. Fangen Sie einmal mit dem Verschenken an, hört es nicht wieder auf.

6. In Geld können Sie nicht baden. Aber mit Geld können Sie dorthin, wo es sich baden lässt.

Kapitel 34

Tiki-Taka – kurze Pässe, lange Wirkung
Was wir von der spanischen Nationalmannschaft lernen können

„Spanien kann praktisch mit geschlossenen Augen spielen."
(Giovanni Trapattoni)

Unsere Lese-Saison ist nun fast vorüber. 33 Kapitel liegen hinter Ihnen. Gratuliere, Sie haben es gleich geschafft. Oder soll ich sagen: Leider ist das Buch nun fast vorbei. Nun sind Sie an der Reihe, Ihren Erfolg zu realisieren und Ihr Glück zu finden.

Wie Sie es betrachten, ist Ihre Sache. Und das ist doch ein starkes Ding, finde ich. SIE haben den freien Willen, die Dinge wahrzunehmen wie Sie möchten. SIE haben das Recht, Ihr Leben so zu gestalten, wie Sie es für richtig halten. SIE können entscheiden, ob sie in die Vergangenheit oder in die Zukunft schauen. SIE dürfen entscheiden, wo Sie hin möchten. SIE können Ihr Denken in diese Richtung lenken. Und zwar: NUR SIE.

Damit Ihnen Ihr Weg leichter fällt, möchte ich Ihnen noch ein paar Denkanstöße geben, die sich am derzeitigen Optimum in Sachen Fußball orientieren. Zwar ist sie inzwischen schon ein wenig „in die Jahre gekommen", aber Sie bringt immer noch so vieles meisterlich ins Spiel, worum es beim Erreichen eines Zieles geht: Die spanische Nationalmannschaft!

Wenn wir an Xavi, Iniesta und Co. denken, geht bei den meisten Fußballfreunden ein anerkennendes Raunen durch die Großhirnrinde. Bei manchem Gegner auf dem Platz kommt sogar Schwindelgefühl auf. Denn das spanische Kurzpassspiel ist nicht nur schnell, direkt und schön anzuschauen, sondern auch erfolgreich. Mit Tiki-Taka wurden die Spanier 2008 und 2012 Europameister und 2010 Weltmeister. Geprägt wurde der Begriff Tiki-Taka (spanisch: tiquitaca) vom spanischen Journalisten Andrés Montes, als er während der WM 2006 beim TV-Sender La Sexta diesen neuen Fußballstil so beschrieb. Tiki-Taka entspricht dem spanischen Wort für Klick-Klack-Kugeln, die in kurzen Abständen aneinander klackern.

Wie es sich mit nachhaltigen Erfolgen oft verhält, hat das Tiki-Taka der Spanier dem internationalen Fußball eine ganz neue Dynamik verliehen. Viele Mannschaften, auch die deutsche Nationalmannschaft orientierten sich daran. Der sogenannte falsche Neuner mit Mario Götze oder Marco Reus als wendigem, kombinationsfreudigem Mittelstürmer ist nur eine Facette.

Wir dürfen gespannt sein, wie das deutsche Team bei der anstehenden WM in Brasilien auftreten und abschneiden wird. Derzeit lernen „wir" noch am spanischen Kurzpassmodell. Kombiniert mit Qualitäten wie Einsatzwillen und Entschlossenheit, die man dem deutschem Fußball nachsagt und individuellen Stärken von Spielern wie Reus, Kroos, Özil und Kollegen kann das eine sehr interessante und erfolgreiche WM werden.

Bevor ich zum enormen Potential von Tiki-Taka auch für viele andere Lebensbereiche komme, möchte ich einen kurzen Zeitsprung in das Jahr 2006 machen. Schon damals hatte das von den Spaniern geprägte Kurzpassspiel mit anderweitigen innovativen Entwicklungen und Erfindungen zwei wesentliche Dinge gemeinsam:

1. Tiki-Taka wurde - wie man so schön sagt - aus der Not geboren. Denn bis zur WM 2006 in Deutschland war das spanische Team stets relativ erfolglos. Bei allen Turnieren schieden sie spätestens im Viertelfinale aus. In Spanien sprach man sogar vom Viertelfinalfluch. Auch im Zuge größerer Veränderungen beim FC Barcelona, wo Pep Guardiola Cheftrainer wurde, entschied sich Louis Aragonés, der damalige Nationaltrainer Spaniens, wie Guardiola auf das Mittelfeld mit Iniesta und Xavi zu setzen. Also auf Tiki-Taka. Guardiola kannte Xavi und Iniesta schon aus seiner Zeit als erfolgreicher Spieler bei Barcelona. Wie die beiden heutigen Mittelfeldstrategen war auch Guardiola eher von schmächtiger Statur. Mit diesem körperlichen Nachteil erfuhr der Meistertrainer schon als Spieler den Vorteil des schnellen Kurzpassspiels am eigenen Leib, das vor einigen Jahren

Iniesta folgendermaßen ausdrückte: „Spieler wie Xavi oder ich sind klein und im Zweikampf körperlich oft unterlegen. Daher müssen wir schnell abspielen." Tiki-Taka ist also gewissermaßen auch aus Gründen des Selbstschutzes entstanden. Man mag es kaum glauben, wenn man den Ball so schnell und virtuos durch die spanischen Reihen wandern sieht.

2. Tiki-Taka war anfangs nicht erfolgreich und wurde weitaus mehr belächelt als bestaunt. In der Qualifikation zur EM 2008 im eigenen Land verloren die Spanier mit ihrem Kurzpassspiel die ersten Spiele und standen knapp vor dem Scheitern. Wie reagierten sie? Nein, sie stellten ihr System nicht auf den Kopf. Wie auch! Kick-and-Rush mit Xavi und Iniesta ist schwer vorstellbar. Sie mussten Tiki-Taka sozusagen durchziehen bis zum bitteren Ende. Warum auch nicht. Schließlich waren sie davon überzeugt. Auch dass sich ihr spezielles System erst einmal entfalten muss. Deshalb mussten sie nicht nur. Deshalb wollten sie auch. Also übten und optimierten sie und erreichten schließlich ihr erstes bitteres Ende, das alles andere als bitter wurde: Sie gewannen acht Qualifikationsspiele in Serie und wurden 2008 Europameister. Was kann es Schöneres geben! Im Laufe der Jahre haben es Guardiola, Xavi, Iniesta und ihre Kameraden dann verstanden, aus der Not den nachhaltigen Erfolg zu machen. Kleinere Durchhänger wie bei der Qualifikation zur WM 2014 in Brasilien blieben da nicht aus. Vielleicht sind sie sogar notwendig, um nicht die Bodenhaftung zu verlieren. Im Frühjahr stand das spanische Team sogar schon vor der Gefahr des Ausscheidens. Gruppengegner Frankreich war mit zwei Punkten Vorsprung Gruppenerster und hätte Spanien mit einem Sieg im direkten Vergleich abhängen können. Und was machten die Spanier? Sie machten – natürlich – Tiki-Taka und gewannen 1:0. In Paris. Auch damit zeigten sie für mich einmal mehr, dass sie wahre Meister ihres Fachs sind. Denn sie gewinnen, wenn es darauf kommt. Insofern ist Tiki-Taka auch ein sehr gutes Beispiel einer persönlichen und kollektiven Entwicklung von Stufe 1 bis Stufe 4, sozusagen im Endstadium (Siehe Kapitel 2).

Den anfänglich ausbleibenden Erfolg kennen Sie vielleicht auch aus Ihrem Leben. Ansonsten aus der Weltgeschichte. Viele Ideen und Entwicklungen wurden zunächst argwöhnisch oder abfällig betrachtet. Nicht allzu lange später veränderten sie jedoch die Welt. Das war mit dem Auto genauso wie mit dem Rock 'n' Roll, dem Flugzeug und dem Internet.

Albert Einstein hat einmal gesagt: „Keine Idee taugt etwas, die nicht anfangs für verrückt gehalten wird." So wurden auch die berühmten Apps für das Smartphone anfangs genauso belächelt wie Youtube. „Wer braucht denn so was?" dachten viele. Wahrscheinlich kann von brauchen auch gar keine Rede sein. Aber die Menschen wollen es. Genau das macht den Unterschied. Die Freiwilligkeit ist nicht nur die größte Selbstmotivation, sondern auch der größte Erfolgsfaktor, wenn es um Produkte, Ideen und Trends geht. Was wir wollen, interessiert uns immer mehr als das, was wir brauchen. Denn seien wir mal ehrlich: Brauchen wir Youtube? Brauchen wir Rock 'n' Roll? Brauchen wir Apps? Brauchen wir den Fußball? Nein, aber wir wollen diese Dinge, weil sie unser Leben verschönern und bereichern. Unsere Lust auf die Dinge macht sie erfolgreich, denn sie wecken unsere Leidenschaften.

Damit kommen wir nun dort an, wo wir begonnen haben. Erinnern Sie sich noch an den Anfang des Buchs? Was ist der Sinn des Lebens? Leidenschaft! Herzblut! Begeisterung!

Fußballfans und Spieler haben eine Leidenschaft für den Fußball. Sie macht ihn zur schönsten Nebensache der Welt. Für viele Menschen sogar zur Hauptsache. Für diese Begeisterung nehmen sie auch gerne Entbehrungen in Kauf.

Fragen Sie einmal Bastian Schweinsteiger, ob er nach dem verlorenen Champions-League-Finale gegen den FC Chelsea mit dem Fußball aufhören wollte. Ich wette, nicht. Auch Xavi, Iniesta waren vielleicht schon sehr verzweifelt, als sie sich anfangs mit kurzen, direkten Pässen fast ins Aus spielten. Und das kurz vor der EM in Österreich und der Schweiz. Sie machten dennoch weiter. Aus Leidenschaft, aus Überzeugung, mit Herzblut.

Die Leidenschaft ist auch Ihre große Chance. Sie ist die Verknüpfung zu dem, was in Ihnen steckt. Sie vernetzt Ihr Denken mit Ihren Veranlagungen, mit Ihren Fähigkeiten und mit Ihren Energien. Wenn Sie sich selbst für Ihr Ziel begeistern, entschlossen und kontinuierlich darauf hin steuern, werden die Türen aufgehen, die Ihnen dabei helfen. Dann spielen Sie die kurzen, prägnanten, wirksamen Pässe auf dem Weg zum Erfolg Ihres Lebens. Schritt für Schritt. Immer näher Ihrem Ziel entgegen.

Denn die Entwicklung des Tiki-Taka zeigt anschaulich, wie sich aus der Not nicht nur eine Tugend, sondern Erfolg machen lässt.

Konkret bieten Ihnen die Prinzipien des Tiki-Taka folgende Vorteile:

1. Zeigen Sie sich beweglich. Flexibilität ist in unserer heutigen Welt voller Veränderungen wichtiger denn je.

2. Nutzen Sie die Möglichkeiten. Iniesta sucht unentwegt seine Mitspieler. Halten Sie Ausschau nach Chancen, die sich Ihnen bieten und nach Menschen, die zu Ihrem Ziel passen.

3. Spielen Sie in Ihrem Leben „kurze Pässe." Wenn Sie einen Impuls bekommen, tun sie es. Wenn Sie etwas machen wollen, machen Sie es. Denken Sie nicht zu viel darüber nach. Bis Sie fertig sind mit dem Nachdenken, ist die Gelegenheit vielleicht schon vorbei. Machen Sie lieber Tiki-Taka. Besser einen Schritt nach dem anderen als einen Riesensatz auf einmal. Nach und nach wird es immer besser gelingen.

4. Üben Sie Ihre Intuition. Spielen Sie im Kopf „Spielzüge" durch; Situationen, die Ihnen auf Ihrem Weg begegnen können. Umso automatischer werden Sie sie mit der Zeit meistern.

5. Bleiben Sie geduldig mit sich, aber nicht faul. Der Erfolg von Tiki-Taka entstand auch nicht von heute auf morgen.

6. Bleiben Sie immer ein wenig unberechenbar; verlässlich, wenn es darauf ankommt.

Ich sage nicht, dass es einfach ist, ein Meister Ihres Fachs zu werden. Aber ich sage aus Erfahrung: Es wird umso einfacher, desto mehr Sie dafür tun.

Beginnen Sie damit im Kopf. Dann bringen Sie Ihre Gedanken und Fähigkeiten auf den Platz. Dort, wo Sie erfolgreich sein wollen. Mit den immensen Möglichkeiten Ihrer individuellen Veranlagung. Oder wie Pep Guardiola immer wieder sagt: „Sei Du selbst! Sei Du selbst!"

Wenn Sie wissen, was Sie können, dann machen Sie, was Sie wollen. Ganz selbstverständlich. Denn nicht nur Chancen sind dafür da, dass wir sie nutzen, sondern auch unsere Persönlichkeiten.

In diesem Sinne: Auf Ihre Zukunft!

Nachtrag

Ich weiß, welche Herausforderung es ist, ein Ziel allein anzugehen. Und falls Ihnen die Cheerleader zum täglichen Anfeuern fehlen, habe ich noch eine kleine Hilfe auf Lager: Gehen Sie einfach auf meine Homepage - **www.dirkschmidt.com** - und tragen Sie unter dem Menüpunkt "kostenlos" Ihre Emailadresse ein. Dann bekommen Sie jeden Morgen einen Motivationsspruch von mir geschickt. Einen kleinen virtuellen Tritt in den Hintern. Sie können sich Ihren Motivationskick auf meiner Webseite auch als Bildschirmschoner täglich frisch auf den Schreibtisch holen. Kostenlos, aber nicht umsonst.

1.Auflage 2014
Alle Rechte vorbehalten
Copyright: Schmidt Verlag – Düsseldorf
Cover und Layout: Willy Walinsky
Redaktion: Markus Schnabel
Bildnachweis: pa - picture alliance
Titelfoto: dreihundertbilder
Lektorat: Fabian Wilhelmi

ISBN 978-3-9815194-3-3

Quellenangaben und weiterführende Literatur

- Fühlen, Denken, Handeln – Wie das Gehirn unser Verhalten steuert (Gerhard Roth, Suhrkamp Taschenbuch Wissenschaft, Berlin, 2003)

- 15. Shell Jugendstudie (Deutsche Shell Holding GmbH, 2006)

- Flow – Das Geheimnis des Glücks (Mihály Csikszentmihályi, Klett Verlag, Stuttgart, 2007)

- Echte Liebe (Jürgen Klopp, Borussia Dortmund GmbH & Co. KGaA, Dortmund, 2012)

- Glücksspiel Fußball? (Martin Lames, Universität Augsburg, Sportwissenschaftliche Fakultät, 2006)

- The magical number seven, plus or minus two: some limits on our capacity for processing information (George A. Miller, Harvard University, Psychological Review, 1956)

- Wenn Sie wüssten, was Sie können, Ein unterhaltsamer Motivations-Ratgeber, Schmidt-Verlag, Düsseldorf, 2014

Wenn Sie wüssten, was Sie können
Die Webseite

Sie haben Fragen, sind auf der
Suche nach mehr Informationen?
Ob es um die tägliche Motivation oder den
eigenen Schweinehund besiegen geht
- **www.dirkschmidt.com** ergänzt dieses Buch

Wenn Sie wüssten, was Sie können

Ein unterhaltsamer Motivations-Ratgeber

ISBN-Nr.: 978-3-9815194-4-0
19,95 € (D) | 20,95 € (A)

Zum Buch

Schlauer, schicker, zufriedener und erfolgreicher –
wollen wir doch alle sein.
Aber deswegen dauernd herummeckern und sonst nichts tun? Wohl
eher nicht. Der Motivations-Experte Dirk Schmidt („Gewonnen wird
im Kopf") zeigt, wie jeder mehr aus seinem Alltag machen und dabei
auch noch Spaß haben kann.

Ob es ums Abnehmen, Ärger mit den Liebsten oder unerledigte
Steuererklärungen geht – mit der richtigen Ich-will-Strategie ist alles
möglich. Und zwar nicht erst in zwanzig Jahren.

Der Erfolgs-Coach setzt Techniken in alltagstaugliche Tipps um, mit
denen er sonst Spitzensportler und Top-Manager zu Höchstleistungen anspornt. Sein Slogan „Wenn Sie wüssten, was Sie können" ist
ein Appell an seine Leser, sich endlich aufzuraffen, um die eigenen
Träume zu verwirklichen.